国家科学技术学术著作出版基金资助出版

汉语发展性阅读障碍视觉大细胞通路功能研究

从理论到干预

毕鸿燕 / 著

中国纺织出版社有限公司

内 容 提 要

阅读能力已成为我们生活必备的一项基本能力。然而，有些个体智力正常、无明显器质性损伤、在获得同等教育机会且不缺乏学习动机的情况下，却表现出字词认知不准确、不流利以及拼写与解码能力低下等问题，这种特殊的学习困难被称为发展性阅读障碍。本书梳理了国内外研究者对发展性阅读障碍成因的讨论及最新研究进展，聚焦视觉大细胞-背侧通路缺陷，作者团队在剖析理论的基础上进行了阅读障碍早期识别与干预训练的探索。

图书在版编目（CIP）数据

汉语发展性阅读障碍视觉大细胞通路功能研究：从理论到干预/毕鸿燕著. -- 北京：中国纺织出版社有限公司，2025.6. -- ISBN 978-7-5229-2699-5

Ⅰ.G442

中国国家版本馆CIP数据核字第2025X1N526号

责任编辑：刘宇飞　　责任校对：寇晨晨　　责任印制：储志伟

中国纺织出版社有限公司出版发行
地址：北京市朝阳区百子湾东里A407号楼　邮政编码：100124
销售电话：010—67004422　传真：010—87155801
http://www.c-textilep.com
中国纺织出版社天猫旗舰店
官方微博 http://weibo.com/2119887771
北京华联印刷有限公司印刷　各地新华书店经销
2025年6月第1版第1次印刷
开本：710×1000　1/16　印张：9.75
字数：123千字　定价：68.00元

凡购本书，如有缺页、倒页、脱页，由本社图书营销中心调换

前　言

在当今社会，阅读能力不仅是个体获取知识和信息的基本技能，更是其适应社会、实现自我价值的重要基础。然而，作为一种常见的学习障碍，发展性阅读障碍正悄然影响着众多儿童和青少年的学业发展与心理健康。作为一名长期专注于发展性阅读障碍研究的科研人员，我深知这一问题的复杂性与挑战性，也深知深入探索其背后的神经机制、寻找有效的干预方法对于改善阅读障碍者生活质量、促进社会和谐发展具有至关重要的意义。因此，我怀着对这一领域的敬畏与使命感，撰写了这本关于发展性阅读障碍视觉大细胞－背侧通路缺陷的科研类书籍，期望能为同行们提供一份详尽的研究指南，为临床实践者带来实用的参考，也为广大阅读障碍者及其家庭带来希望的曙光。

发展性阅读障碍是一种神经发育性障碍，其发病机制复杂多样，涉及遗传、神经生物学、认知心理等多个层面。本书对发展性阅读障碍相关研究进行了全面而深入的回顾与总结。我们梳理了从早期的理论假设到现代神经科学实证研究的演变脉络，分析了不同研究方法的优势与局限性，并探讨了当前研究中存在的争议与未解之谜。通过对历史研究的梳理，我们不仅能够更好地理解当前研究的进展，还能够为未来的研究方向提供有益的启示。

近年来，随着神经科学的飞速发展，研究逐渐聚焦于阅读障碍者大脑神经通路的异常，尤其是视觉大细胞-背侧通路的缺陷。大细胞-背侧通路在视觉信息的加工和处理中扮演着关键角色，其功能异常可能导致视觉信息的传递和整合出现障碍，进而影响阅读能力的正常发展。这一发现为理解阅读障碍的神经基础提供了新的视角，也为针对性干预措施的研发奠定了理论基础。

本书系统介绍了视觉大细胞-背侧通路的结构与功能，涵盖了行为范式、神经机制等多个维度的研究进展。在行为范式方面，我们详细探讨了如何通过科学的实验设计和严谨的测试流程，揭示大细胞-背侧通路在阅读过程中的作用机制。这些行为研究不仅为神经机制的研究提供了有力的线索，也为临床评估和干预提供了可操作的工具。在神经机制方面，我们深入剖析了大细胞-背侧通路的解剖结构、神经递质系统以及神经网络的动态变化，尝试解释阅读障碍的神经基础。通过结合先进的神经影像技术与电生理学研究方法，我们试图勾勒出大细胞-背侧通路在阅读障碍中的异常表现，并探讨其与阅读能力之间的因果关系。

在探讨阅读障碍的视觉大细胞-背侧通路缺陷表现时，我们不仅关注了阅读障碍者的临床症状，还深入分析了这些症状背后的神经机制。例如，许多阅读障碍者在快速视觉加工、视觉运动协调以及空间注意分配等方面表现出明显的困难，这些困难与大细胞-背侧通路的功能异常密切相关。通过对这些症状的系统梳理与分析，我们希望能为临床诊断提供更为精准的依据，并为个性化干预方案的设计提供理论支持。

在总结前人研究成果的基础上，我们提出了未来研究的展望，包括新的研究方法、跨学科合作的可能性以及潜在的应用前景。我们坚信，随着科学技术的不断进步和研究方法的不断创新，我们一定能够更深入地理解视觉大细胞-背侧通路在阅读障碍中的作用机制，并开发出更为有效的干预措施。

在撰写本书的过程中，我深刻体会到科学研究的艰辛与挑战，但也收获了无尽的成就感。我有幸与众多优秀的科研人员、临床医生以及教育工作者合作，他们的专业素养、敬业精神和对患者的关爱深深感染了我。在此，我衷心感谢每一位为本书的撰写提供帮助和支持的人。感谢我的同行们，他们的悉心指导和宝贵意见为本书的撰写提供了坚实的学术基础；我也要感谢我的研究生们：王润洲、李君君、李意真、刘金秋、赵一帆，这几位学生在书稿资料收集和部分章节撰写中付出了很多努力，以及已经毕业的刘宇飞同学在最后统稿修改和润色的过程中付出了很多。他们的辛勤付出和无私奉献使本书得以顺利完成。

当然，我也深知本书可能存在的不足之处。由于发展性阅读障碍这一研究领域仍在快速发展，新的研究发现不断涌现，书中部分内容可能未能涵盖最新的研究成果。此外，由于研究方法和技术的局限性，一些结论可能仍需进一步验证和完善。我真诚地希望读者能够提出宝贵的意见和建议，帮助我们在未来的研究中不断改进和提高。

最后，我希望这本书能够为发展性阅读障碍的研究和干预提供一份较为全面、系统的参考。我相信，通过我们的共同努力，一定能够为阅读障碍者带来更多的希望和机会，帮助他们克服困难，实现自己的理想。让我们携手共进，为推动这一领域的研究发展贡献自己的力量。

毕鸿燕

2025 年 5 月

目　录

第一章　发展性阅读障碍概述

第一节　发展性阅读障碍的定义和特点 / 1

第二节　不同语言文字系统中阅读障碍的行为表现 / 6

第三节　发展性阅读障碍的神经生物学基础 / 12

第四节　发展性阅读障碍的遗传基础 / 17

第五节　发展性阅读障碍的预测研究 / 19

第二章　发展性阅读障碍缺陷的相关理论

第一节　语言缺陷理论 / 31

第二节　一般感知觉缺陷理论 / 36

第三章　视觉大细胞 – 背侧通路与阅读

第一节　视觉大细胞 – 背侧通路功能 / 45

第二节　视觉大细胞 – 背侧通路功能与阅读相关的行为研究 / 51

第三节　视觉大细胞 – 背侧通路功能与阅读相关的神经研究 / 61

第四章　阅读障碍的视觉大细胞-背侧通路缺陷

第一节　视觉大细胞-背侧通路的结构异常 / 71

第二节　视觉大细胞-背侧通路功能异常的行为研究 / 73

第三节　视觉大细胞-背侧通路功能异常的神经研究 / 82

第五章　视觉大细胞-背侧通路功能与阅读的因果关系探查

第一节　原因还是结果——因果关系的争论 / 93

第二节　视觉运动感知训练 / 95

第三节　视觉-运动整合训练 / 102

第四节　动作视频游戏训练 / 112

第五节　黄/蓝光过滤干预 / 134

第六章　阅读障碍视觉大细胞-背侧通路功能缺陷的探索与展望

第一节　神经层面的探索 / 139

第二节　基因层面的探索 / 141

第三节　研究展望 / 142

第一章

发展性阅读障碍概述

第一节 发展性阅读障碍的定义和特点

大到人类文明的延续，小到个体知识的获取，阅读都在其中发挥着不可忽视的作用。特别是对于儿童来说，阅读能力直接与学业成绩和未来的职业发展挂钩，影响个体的一生。

阅读能力并不是生来就有的，而是通过接受教育习得的。在一般情况下，儿童入学后，接受正规的教育，可以成功地学会流利的阅读，然而，有一些儿童不能顺利地学会阅读，我们将其称为发展性阅读障碍（developmental dyslexia，DD）。发展性阅读障碍是学龄儿童的一种主要学习困难类型，根据世界卫生组织（World Health Organization，2011）的定义，发展性阅读障碍是指个体在一般智力、动机、生活环境和教育条件等方面与其他个体没有差异，也没有明显的视力、听力、神经系统障碍，但其阅读成绩明显低于相应年龄应有的水平，处于阅读困难的状态。美国精神医学学会（American Psychiatric Association，2013）出版的《精神障碍诊断与统计手册（第五版）》（*Diagnostic and Statistical Manual of Mental Disorders*，*DSM-5*）将发展性阅读障碍纳入一个更广泛的群体，即特定学习障碍（specific learning disorder），包括阅读障碍、书写障碍和计算障碍等，这一群体在学习关键学业技能时具有持续的困难，比如阅读障碍个体在读单字时缓慢、犹豫、频繁地猜测，难以正确地念出字，以及书写缓慢、经常颠倒偏旁部首等。特定学习障碍是由神经系统发育异常引起的疾病，是一种神经发育性障碍。

发展性阅读障碍具有以下几个主要特点：

首先，发展性阅读障碍不能归因于智力障碍，智力正常是其关键特征，有些智力超常的个体也可能患上阅读障碍。研究发现无论阅读障碍个体的智力是低还是高，他们均表现出相似的阅读缺陷，包括阅读速度慢、正确率低、语音加工困难等（Tanaka et al., 2011）。

其次，发展性阅读障碍不能归因于常见的外界因素，如家庭问题或教育落后。发展性阅读障碍个体接受的教育足够，生活环境良好，但其阅读能力低下。研究发现无论阅读障碍个体的社会经济地位（socioeconomic status，SES）如何，他们均表现出相似的语言（语音、语素、快速命名、句法、词汇、听力理解）、认知（非言语智力、视知觉、记忆）和阅读（词汇阅读、篇章阅读、听写、正字法、阅读理解）的困难（Asadi et al., 2023）。

再次，发展性阅读障碍不能归因于全面发育迟缓、听觉、视觉或运动障碍，阅读障碍儿童发育正常，视觉、听觉、神经系统没有器质性问题。本书中的阅读障碍特指发展性阅读障碍，而非具有器质性损伤（如脑外伤导致的阅读相关脑区受损）的获得性阅读障碍（acquired dyslexia /alexia）。

最后，发展性阅读障碍是一种具有遗传性的神经发育性障碍，不同于后天大脑器质性受损导致的获得性阅读障碍，发展性阅读障碍源自先天的大脑功能失调，这种神经系统的异常特性具有遗传性。Thomas 在 1905 年最早报道了关于发展性阅读障碍的家族聚集现象，他发现一个发育正常的男孩存在阅读困难的情况，同时该情况也存在于其家庭成员中。研究发现具有阅读障碍家族史的儿童出现阅读障碍的概率高于正常家族，父母或兄弟姐妹中具有阅读障碍的儿童表现出阅读障碍的概率高达40%~60%（Vogler et al.，1985），远高于在正常人群中的发病率5%~17%（Shaywitz & Shaywitz，2005）。

此外，阅读障碍还有其他一些常见特点。比如，阅读障碍的男性发病率比女性更高，男女发病率为1.5∶1到6∶1（Peterson & Pennington，2015）。阅读障碍经常与其他神经发育性障碍共患，比如，注意力缺陷多动障碍（attention deficit hyperactivity disorder，ADHD）（McGrath et al.，2011；Willcutt & Pennington，2000），表现为持续的注意缺陷和/或多动－冲动模式；特殊语言障碍（specific language disorder，SLD）（McArthur，Hogben，Edwards，Heath，& Mengler，2000），表现为在语言习得和使用（说、写、手语等）上存在持续的困难；语音障碍（speech sound disorder，SSD）（Pennington & Bishop，2009），表现为持续的语音生成困难。这些个体均可能同时伴有阅读问题。虽然阅读障碍的识别和诊断通常在小学阶段，但是症状是终生的，其表现和病程虽然受到环境或个体差异的影响，但是对阅读流畅性的影响通常会持续到成年（Peterson & Pennington，2015）。阅读流畅性和阅读准确性是衡量阅读能力的两个重要指标。阅读流畅性测试通常要求被试在固定时间内（如1分钟）快速读出看到的文字，读得越多，阅读流畅性越好。阅读准确性测试通常只要求被试读出认识的文字，不限时，会读的文字越多，阅读准确性越好。阅读能力在人群中是呈正态分布的，通常阅读障碍被认为是一种连续障碍（continuous disorder）而非类别障碍（categorical disorder），表现为一个连续的谱系，而不是明确的二分类（Peterson & Pennington，2015）。一般截取标准化阅读测试得分低于同年龄正常群体1~2.5个标准差的个体作为阅读障碍筛选的关键指标之一（DSM-5）。

20世纪50年代美国特殊教育学家Samuel A. Kirk（1904—1996）首次系统地描述并分析了一些学龄儿童在阅读方面遇到的困难并用学习困难（learning disabilities）这一术语来描述这些个体。随后，阅读障碍在西方国家得到大量关注和研究，在亚洲国家却一直未受到重视，一些学者甚至否认汉语/日语中存在阅读困难（Kuo，1978；Makita，1968；Rozin et al.，1971）。研究者认为由于汉语与英语的书写系统不同，汉语的整字音节要比英语的字母音位更容易学习，而最早的研究发现阅读障碍主要在音位意识方面存在困难，所以在音节书写系统里少见阅读障碍的现象（Kuo，1978）。但是，从20世纪80年代起，一些研究者关注到汉语中也存在一些儿童相比同龄儿童在阅读速度、识字量上有很大的差距，才正式开始对汉语阅读障碍的研究。Stevenson等人（1982）在一项跨语言合作研究中，比较了美国、中国台湾、日本五年级儿童的阅读能力，当以阅读成绩低于年级水平两个年级作为阅读障碍的筛查标准时，研究者发现不仅美国儿童中存在阅读障碍（3%），中国台湾（2%）和日本（8%）儿童中同样存在；当以同年龄阅读成绩分布低端10%且智力正常作为阅读障碍的筛选标准时，美国、中国台湾、日本阅读障碍的发生率分别为6.30%、7.50%和5.40%。这项研究结果表明，发展性阅读障碍存在于不同语言系统中，不同语言文字系统中的发生率略有不同。张承芬等人（1996）根据低成就截断（阅读成绩低于所在年级平均水平2个标准差）和截点法（阅读成绩在同年龄阅读成绩分布低端10%且实际阅读成绩低于依据智力预测的阅读成绩）两种筛查标准，发现汉语阅读障碍的发生率大约为4.55%与7.96%。Tan等人（2013）在中国北京、广州、济宁三座城市对四、五年级儿童开展大规模筛查，以非言语智力正常、阅读表现落后于预期阅读水平两个年级定义阅读困难，结果显示，北京、广州、济宁四年级儿童阅读困难的发生率分别为31.12%、30.29%、66.73%，五年级儿童阅读困难的发生率分别为35.39%、

57.51%、61.06%，研究者指出，随着数字化时代的到来，阅读困难的发生率有明显上升。根据我团队 2015—2019 年对北京市小学阶段阅读障碍儿童的筛查，以智力正常、识字量低于年级平均水平 1.5 个标准差定义阅读障碍，从 2597 名小学二至六年级儿童中筛查出 278 名阅读障碍儿童，据此算得的汉语阅读障碍的发生率约为 10.7%。2025 年 2 月 28 日，教育部公布 2024 年度我国接受初等教育的在校生约 1.058 亿人，如果按 10.7% 的患病率计算，初等教育阶段，我国发展性阅读障碍儿童约 1132 万人。

长时间经历阅读失败的儿童往往会伴有心理、行为、学业和社会方面的问题。Margari 等人（2013）的研究发现特定学习障碍（包括阅读障碍、书写障碍）儿童中有 28.8% 同时具有焦虑障碍（表现为过度害怕和焦虑），9.4% 具有心境失调障碍（抑郁障碍的一种，表现为持续的易激惹和频繁的极端行为失控），33% 具有注意力缺陷多动障碍。大量研究发现，阅读障碍者相比正常阅读者发生内在心理问题（internalizing problems）和外在行为问题（externalizing problems）的比例更高、问题更严重，内在心理问题如焦虑、抑郁、低自尊、低自我概念、社交回避、同辈关系较差，外在行为问题如过度活跃、冲动、好斗、破坏行为等（Arnold et al，2005；Baumeister et al.，2008；Boetsch，Green，& Pennington；1996；Carroll & Iles，2006；Carroll et al.，2005；Eissa，2010）。Knigh（2021）发现阅读障碍儿童在学业方面对自己更缺乏信心，而且，老师和家长对阅读障碍儿童学业能力的期望更低。Francis 等人（2019）对 34 篇研究涉及 2491 名阅读困难者的内在心理问题进行了系统回顾和元分析，发现阅读困难者的内在心理问题比正常阅读者更严重，比如焦虑、抑郁等。Donolato 等人（2022）基于对 51 篇研究阅读障碍、特殊语言障碍和计算障碍的文献的系统综述和元分析，发现障碍个体的内在和外在问题均比正常阅读者更严重。由于发展性阅读障碍的负面影响是广泛而长远的，所以，这些儿童需要特殊的关怀和照顾，来自父母、朋友、学校的支持是对阅读障碍儿童的重要保护性因素。Terras 等人（2009）发现父母的态度会影响阅读障碍儿童的心理和行为表现，如果父母采取积极的态度对待这类特殊儿童，那么他们会有更少的情绪和行为问题；如果父母不理解，采取消极的态度对待这类特殊儿童，会更容易导致儿童的低自尊。Eissa（2010）发现阅读障碍个体会觉得自己和那些学习成绩差的人不一样，他们会表现出低自尊，但是这些个体感谢他们的好朋友，他们认为在学校最好的是休息时间，他们唯一喜欢的事情就是和朋友一起玩。他们有时会因为其阅读和写作困难被嘲笑或被欺负，好朋友使他们更能够忍受学校，也就是说，学校里的朋友也是一种保护性因素。Coffield 等人（2008）调查了阅读障碍儿童对教师和学校的看法，这些儿童提到了教师给予的一些帮助，比如全班集体朗读而非让学生自己读、重复指导、高亮突出显示重要信息等，这些让他们感觉自己能够做得很好，在学校感到开心，为自己感到骄傲，研究者指出学校和教师提供的额外帮助也是提升阅读障碍个体自信和自尊的重要保护性因素。

第二节 不同语言文字系统中阅读障碍的行为表现

尽管不同语言文字系统中均存在阅读障碍，但语言文字的特点会影响阅读障碍的表现，也就是说，在不同的语言文字背景下，阅读障碍的表现不完全相同。一般而言，语言文字系统的变异可以体现在两个方面。第一，正字法（orthography）/书写系统（writing system）的不同，字母语言正字法用字母表征单个声音，语标文字正字法用符号表征词汇/语素。第二，字母语言的形音对应规则（grapheme-phoneme correspondence，GPC）的一致性程度不同，GPC 是字母和对应发音的规则（Katz & Frost, 1992），GPC 一致性高的语言中字母和发音一一对应，在不同的词汇间对应关系保持不变，称作是浅层（shallow）/透明（transparent）正字法语言，如意大利语、芬兰语；GPC 一致性低的语言中字母没有特定的发音规则，可能没有发音（如 whole 中的 w），可能随不同的连接字母变化发音（如 ugly 和 huge 中的 u），称作深层（deep）/模糊（opaque）正字法语言，如法语、英语。语标文字一般没有 GPC 规则。

一、字母语言文字中阅读障碍的表现

在字母语言中，研究者比较一致地认为阅读障碍的核心缺陷是语音加工缺陷（Melby-Lervag et al., 2012），即表现在语音意识（phonological awareness）、语音记忆（phonological memory）和快速命名（rapid automatized naming, RAN）方面的缺陷（Vellutino, Fletcher, Snowling, & Scanlon, 2004）。语音意识是有意识地通达和操纵词汇语音单元的能力（Goswami, 1993），语音意识可以是对口语中任意一种语音单位的意识（Trieman, 1991），语音单位从大到小包括音节、首音-韵脚和音位，其中首音是起首的辅音或辅音群，韵脚是元音和之后的辅音。语音意识测查最常使用的任务有奇异任务（oddity task）和删除任务（deletion task）。在奇异任务中，通常呈现三个单词，其中两个单词的部分音节或音位相同，要求选择不同的单词，比如 rat、rack、map，选出首音不同的单词，正确答案是 map。在删除任务中，删除单词中某个音位/音节，要求被试说出剩下的单词，如 clart 删掉 l 剩下的是什么，答案是 cart。语音记忆是个体存储和保持语音的能力（Baddeley, 2003），通常采用数字/音节广度任务来考查，以最多复述的项目（如数字、音节）个数作为指标。比如，在数字广度任务中，给被试听一系列的数字，要求被试正序或逆序说出数字，数字数目会逐渐增多，如 523、6284、98451、254567 等，连续错两个停止，最后正确记得的数目为记忆广度。快速命名是个体尽可能快地命名高度熟悉的刺激（如字母、数字、颜色或物体）的能力（Landerl, et al., 2019），以命名所用的时间反映快速命名能力。比如，给被试呈现 57268 五个数字，每个数字随机重复 6 次，要求被试尽量快地说出数字，命名所用时间越短越好。

尽管字母语言条件下的阅读障碍中普遍存在语音缺陷，但是，语言文字的正字法不同，其表现形式也有差异。在浅层正字法语言中，字母－语音一一对应，规则简单且容易习得，因此在阅读准确性上，阅读障碍儿童通常与正常儿童没有差异。跨语言研究发现浅层正字法阅读障碍比深层正字法阅读障碍在阅读准确性方面的问题更小，但在阅读流畅性上，不同深度正字法语言文字中的阅读障碍都存在问题（Landerl, Wimmer, & Frith, 1997；Ziegler, Perry, Ma-Wyatt, Ladner, & Schulte-Körne, 2003）。因此，在浅层正字法阅读障碍的筛查中，阅读流畅性是主要标准；而对深层正字法阅读障碍的筛查，则要充分考虑阅读的流畅性和准确性。一项元分析研究系统回顾了 79 篇儿童和成人、深层和浅层正字法阅读障碍者阅读及阅读相关能力缺陷的研究，发现正字法深度和年龄对阅读障碍者的阅读流畅性没有影响，而阅读准确性则受到年龄和正字法深度交互作用的影响。具体表现为，对阅读障碍儿童，浅层正字法语言文字的阅读准确性问题小于深层正字法，对阅读障碍成人则没有发现这种差异。此外，其他语音能力，包括语音意识、快速命名和短时记忆均不受语言文字正字法深度的影响。可见，语言文字的正字法深度主要影响阅读准确性，对阅读流畅性及其他语音相关能力则没有影响（Carioti, Masia, Travellini, & Berlingeri, 2021）。

二、汉语阅读障碍的表现

语标语言与字母语言存在很大的差异，以汉语为例，汉语的基本单元是汉字，我们日常使用的汉字约有 3000 个。汉字在视觉上相当复杂，是由不同的笔画组成的二维空间结构，笔画模式先组成部件，然后部件组合为汉字。在语音方面，一个汉字对应相应的发音，作为一个音节。由于常用的语素大约有 5000 个，常用的音节只有大约 1300 个，所以汉语中存在大量的同音字。这些同音字有的字形相似，有的字形完全不同。与拼音文字不同，汉字不存在形音对应规则，无法由字形拼读出字音。汉语是一种声调语言，普通话有四个声调，阴平（一声）、阳平（二声）、上声（三声）、去声（四声），即使音节相同，不同的声调也可能对应不同的语义，如 /ma1/ 妈，/ma2/ 麻，/ma3/ 马，/ma4/ 骂。

与字母语言一样的是，汉语阅读障碍者同样表现出语音加工缺陷（Hanley，2005）。Ho 等人（2000）在中国香港筛选了 56 名存在阅读障碍的二至五年级儿童，发现阅读障碍儿童在声母删减任务、音节删减任务、单词复述任务、假词复述任务的表现均差于正常组儿童。此外，Ho 和 Lai（1999）分别测查了香港 20 名阅读障碍儿童、20 名同年龄对照组儿童、20 名同阅读水平对照组儿童的快速命名能力和语音记忆能力，结果发现，阅读障碍儿童的快速命名能力显著差于同年龄对照组，与同阅读水平对照组之间没有显著差异；而语音记忆能力比同年龄对照组和同阅读水平对照组都要差。

汉语是一种声调语言，声调意识对汉语阅读同样非常重要。McBride-Chang 等人（2008）考查了 211 名香港学龄前儿童（4~5 岁）的音位意识、音节意识和声调意识分别与汉语阅读和英语阅读的关系，其中音位和音节意识采用删除任务测试，音节删除任务中要求被试说出一个三音节词汇删去一个音节后剩下的音节（如 /hung4 luk6 dang1/ 删去 /luk6/ 剩下的是 /hung4 dang1/）；音位删除任务中要求被试说出一个音节删去首音后剩下的部分（如 /caa1/ 删去首音剩下的是 /aa1/）；声调意识采用声调识别测试，要求被试从两张不同声调字对应的图片中选出目标字声调对应的图片（如从 /fu6/ 父和 /fu3/ 裤中选择目标音 /fu3/ 裤）。结果发现，在控制了年龄、智商、词汇知识和快速命名能力后，音节意识与汉语阅读和英语阅读均相关，音位意识仅与英语阅读相关，声调意识仅与汉语阅读相关，说明声调意识是参与汉语阅读的独特因素。Liu 和 Tsao（2017）考查了中国台湾地区汉语儿童（7~10岁）的辅音加工能力、声调加工能力与汉语阅读的关系，发现辅音加工能力与阅读准确性没有显著相关，而声调加工能力与阅读准确性显著相关，且在控制了年龄和智商后，只有声调意识能够独立预测阅读的准确性，说明在汉语阅读中，声调加工能力比音位加工能力作用更大。Shu 等人（2008）发现在控制了快速命名、音节删除能力后，声调加工能力仍可以解释大陆学龄前儿童（40~78月龄）汉语阅读3%的变异，说明了声调加工能力对汉语阅读的独立贡献。这些研究均表明声调加工能力在汉语阅读中发挥着独立且重要的作用。同时，许多研究一致发现汉语阅读障碍儿童存在声调加工缺陷（Chan & Siegel，2001；Li & Suk-Han Ho，2011；Wang，Huss，Hamalainen，& Goswami，2012；Wang，Liu，Chung，& Yang，2017）。Wang 等人（2017）对比了阅读障碍儿童（8~12岁）、同年龄对照组和同阅读水平对照组三组儿童的声调意识，发现阅读障碍儿童的声调意识比同年龄对照组儿童和同阅读水平对照组儿童都差。古婵媛（2020）进一步深入考查了汉语阅读障碍儿童（11~12岁）的声调加工缺陷，操纵基频变化构造了 /yi1/—/yi2/ 的声调连续体，采用识别任务和区分任务，发现阅读障碍儿童在识别任务中的识别曲线斜率绝对值更小，在区分任务中区分范畴间刺激的正确率更低而区分范畴内刺激的正确率无组间差异，说明阅读障碍儿童对声调范畴间刺激的感知不敏感，而对声调范畴内刺激的感知正常。

除了语音加工能力，正字法意识和语素意识也在汉语阅读中起着非常重要的作用。正字法意识是对文字抽象表征的能力，通常采用字词判断任务来考查，判断呈现的字是真字、假字还是非字，假字是符合正字法规则但不存在的人造字，非字是不符合正字法规则且不存在的人造字，假字和非字的判断差异可以作为正字法加工能力的一个指标，比如真字"牌"，假字"涡"，非字"軪"。语素意识是通达和操纵语素结构的能力，通常采用语素识别任务、语素构建任务来考查。在语素识别任务中，给出两个词汇，其中一个字相同，判断相同的字在不同词汇中字义是否相同，比如，判断"老鼠"和"老家"中的"老"字义是否相同（不同）。在语素构建任务中，要求被试根据示例构建新的词，比如，每天早晨我们看到太阳升起来，叫作日出；晚上，我们同样看到月亮升起来，我们叫它什么呢？答案是"月出"。Ho 等人（2002）对香港 30 名阅读障碍者进行了一系列研究，发现其中 50.0% 具有快速命名缺陷，38.9% 具有正字法缺陷，36.7% 具有视觉和运动缺陷，15.3% 具有语音意识缺陷，研究者提出快速命名缺陷和正字法缺陷是汉语阅读障碍的两种主要认知缺陷。Shu 等人（2006）对大陆 75 名汉语阅读障碍儿童的语素意识进行了研究，发现阅读障碍儿童在语素识别和语素构建任务中的表现均显著差于同年龄对照组，说明阅读障碍儿童具有语素意识缺陷。此外，正常组和阅读障碍组儿童的语素意识与阅读能力均相关，且对汉字阅读、听写和阅读理解能力具有解释作用，研究者认为语素意识缺陷是汉语阅读障碍的关键缺陷。

汉字的字形在视觉上具有二维空间结构，复杂的视觉特征和语音不存在对应关系，即没有形音对应规则。由于这种特点，在汉字学习过程中，抄写成为学习汉字的关键方式。McBride-Chang 等（2011）考查了 21 名汉语阅读障碍儿童和 33 名同年龄对照组儿童的抄写能力，要求被试抄写三种无意义字符（韩语、越南语和希伯来语），发现阅读障碍儿童的抄写质量显著差于对照组，说明汉语阅读障碍儿童存在抄写缺陷。Kalindi 等人（2015）考查了 14 名汉语阅读障碍儿童，16 名英语阅读障碍儿童，17 名英汉阅读障碍儿童和 17 名同年龄对照组儿童的抄写能力，要求被试抄写不熟悉的无意义字符（越南语和希伯来语），发现汉语和英汉阅读障碍儿童的抄写质量显著差于对照组儿童，而英语阅读障碍儿童的抄写评分与对照组无显著差异，说明抄写缺陷是汉语阅读障碍而非英语阅读障碍的关键缺陷之一。Meng 等人（2019）对北京 19 名阅读障碍儿童（10~11 岁）、18 名同年龄对照组儿童和 24 名同阅读水平对照组儿童（8~9 岁）进行了研究，采用图形抄画任务排除了文字材料带来的语言因素的影响，考查了他们更基本的视觉 - 运动整合能力，发现汉语阅读障碍儿童抄写符号的速度显著慢于同年龄对照组和同阅读水平对照组，表明汉语阅读障碍儿童存在视觉 - 运动整合缺陷，且视觉 - 运动整合缺陷不是由阅读经验匮乏导致，而是汉语阅读障碍的固有缺陷。

Peng 等人（2017）对 81 篇汉语阅读障碍儿童的认知缺陷文献进行了元分析，发现阅读障碍儿童在语素意识、正字法意识、语音意识、快速命名、工作记忆和视觉能力等诸多方面具有较严重的缺陷，在短时记忆和运动能力方面具有中等程度的缺陷。Wang 和 Bi（2022）基于十年积累的汉语阅读障碍儿童认知行为数据库（人口学数据、阅读相关认知技能成绩）构建了一个经遗传算法优化的 BPNN（GA-BPNN）模型，模型的总体鉴别准确率为 94%，其中阅读准确性对鉴别汉语发展性阅读障碍的贡献最大，语音意识、拒绝假字的正确率（正字法意识）、语素意识、阅读流畅性、数字快速命名和拒绝非字的反应时（正字法意识）对鉴别汉语发展性阅读障碍也具有重要的贡献。其中，语素意识的鉴别贡献排名随年级的增加而上升，但数字快速命名的鉴别贡献排名随年级的增加而下降。这些研究表明汉语阅读障碍并不是表现出单一的缺陷模式，而是一种多缺陷疾病，具有不同的亚类型。

第三节　发展性阅读障碍的神经生物学基础

阅读障碍是一种神经发育性障碍，具有底层的神经机制，脑成像研究发现阅读障碍个体具有异常的大脑结构和功能。

功能磁共振成像（functional magnetic resonance imaging，fMRI）研究一致发现大脑的左半球参与阅读过程，包括额叶区（frontal region）、颞顶区（temporo-parietal cortex，TPC）和枕颞区（occipito-temporal cortex，OTC）。这些区域负责将视觉正字法与听觉语音以及语义信息匹配，其中枕颞区与视觉正字法加工有关（Cohen & Dehaene，2004），颞顶区与语音加工和形音转换有关（Shaywitz et al.，1998），额下回（inferior frontal gyrus，IFG）与言语加工、发音（Tomaiuolo et al.，2021）以及语义提取有关（Devlin et al.，2003；Liu et al.，2009）。

许多 fMRI 研究一致发现字母语言中阅读障碍者在进行阅读或阅读相关任务时，左侧枕颞区、颞顶区和额下回表现出弱激活，表明阅读障碍者在阅读时的大脑功能激活不足（Hancock, Richlan, & Hoeft, 2017；Maisog, Einbinder, Flowers, Turkeltaub, & Eden, 2008；Paulesu, Danelli, & Berlingeri, 2014；Fabio Richlan, Kronbichler, & Wimmer, 2009，2011）。在字母语言阅读障碍者的阅读活动中，也有一些脑区表现出过激活，即阅读障碍组比对照组的激活更强，比如，双侧额下回、中央前回以及基底节、丘脑等区域（Hancock et al., 2017；Maisog et al., 2008；Fabio Richlan et al., 2009，2011）。过激活通常被认为是对弱激活的一种弥补策略，比如阅读障碍者在双侧中央前回 / 额下回的过度激活可能是他们更多利用了发音复述的策略弥补语音缺陷（Shaywitz et al., 1998）；但也有研究者认为过激活只是反映了阅读障碍者当前的阅读状态，研究发现阅读障碍组相比同年龄对照组在左侧额下回、额中回、尾状核和丘脑表现出过激活，而与同阅读水平对照组相比在上述四个脑区没有差异（Hoeft et al., 2007）。一项元分析对比了字母语言背景下深层和浅层正字法阅读障碍者的脑激活状态，发现其左侧枕颞区和颞顶区均表现出弱激活；直接对比字母语言系统下深浅层正字法阅读障碍者的脑激活情况，发现两种正字法条件下，阅读障碍者的左侧额下区均表现出弱激活，不过存在不同的峰值坐标位置和范围，深层正字法相比浅层正字法阅读障碍者在左侧额下回（−56，28，12，cluster = 19）表现出更大的弱激活，浅层正字法相比深层正字法阅读障碍者在左侧额下回（-36，40，-8，cluster = 126）表现出更大的弱激活（Martin，Kronbichler，& Richlan，2016）。尽管字母语言正字法深度的不同导致阅读障碍缺陷区域的峰值坐标位置和范围有所差异，以往研究基本支持了字母语言中阅读障碍的神经缺陷，即在左侧的语言加工相关脑区——枕颞区、颞顶区、额下回的激活减弱。Li 和 Bi（2022）的元分析对比了字母语言和汉语阅读障碍者在阅读相关任务中的脑活动，发现汉语和字母语言阅读障碍者在左侧额下皮层和前扣带回有共同的弱激活，只是汉语阅读障碍者在左侧额下皮层有更大的弱激活，在扣带回有更广的弱激活。共激活图显示前扣带回与左侧额下回同时激活，左侧额下皮层与言语和注意任务有关，前扣带回与注意任务有关。此外，研究发现字母语言阅读障碍者的左侧枕颞顶区存在弱激活，汉语阅读障碍者的右侧中央前回、右侧颞中回和左侧直回有过激活。研究表明不同正字法背景下的阅读障碍者存在共同的异常脑区，即与注意相关的左侧额下回和前扣带回，同时，也有与其正字法特点相对应的脑功能缺陷。

研究者还通过功能连接（functional connectivity）考查不同脑区之间的交流模式。静息态（在睁眼或闭眼清醒状态下）功能连接通常被用来考查阅读障碍者的自发脑功能连接模式。研究发现阅读障碍者在额顶网络、枕叶网络、默认网络以及小脑-大脑网络的静息态功能连接均存在异常（Buchweitz et al.，2019；Greeley et al.，2021；Koyama et al.，2013；Li et al.，2022；Margolis et al.，2020；Richards et al.，2015；Schurz et al.，2015；Yang et al.，2021；Zhou，Xia，Bi，& Shu，2015）。比如，Schurz 等（2015）发现阅读障碍成人在左侧枕颞区（梭状回、颞下回、颞中回、颞上回）和左侧额下回的功能连接显著弱于正常阅读者，研究者认为这表明阅读障碍者的视觉言语信息整合能力受损。Greeley 等人（2021）发现阅读障碍儿童的小脑和大脑默认网络（如楔前叶、角回等）以及运动系统双侧中央前/后回的功能连接相比同年龄对照组增强，研究者认为这说明阅读障碍者需要额外的神经资源参与。Li等人（2023）进一步考查了阅读障碍儿童静息态功能连接的动态特性，发现阅读障碍儿童额枕网络功能连接的时间变异性（标准差）增大，表明阅读障碍儿童脑功能连接的动态特性也存在异常。

在结构上，基于体素的形态学（voxel-based morphometry，VBM）分析是一种考查大脑结构变化的自动化技术。Ramus等（2018）对18项VBM研究（1164名被试）的元分析发现，阅读障碍者的大脑总体积、灰质体积（gray matter volume，GMV）和白质体积（white matter volume，WMV）均小于正常对照组。具体来说，阅读障碍组的左侧额下回、左侧颞顶区、双侧枕颞区、小脑的灰质体积都减小（Brambati et al., 2004; Brown et al., 2001; Eckert, Berninger, Vaden, Gebregziabher, & Tsu, 2016; Eckert et al., 2005; Hoeft et al., 2007; Kronbichler et al., 2008; Silani et al., 2005; Steinbrink et al., 2008），双侧枕顶区的白质体积减小（Xia et al., 2016）。但也有一些研究没有发现阅读障碍者灰质体积的减小（Eckert et al., 2016; Pernet, Andersson, Paulesu, & Demonet, 2009; Pernet, Poline, Demonet, & Rousselet, 2009; Tamboer, Scholte, & Vorst, 2015）。不一致的结果可能与数据分析处理流程、被试数量少导致的统计效应小有关（Ramus et al., 2018）。纳入多篇文献的大样本量的许多元分析则主要报告了积极的结果。Linkersdörfer等人（2012）纳入9篇文献共277人（139名阅读障碍者），发现阅读障碍者双侧缘上回、双侧小脑、右侧颞上回、左侧梭状回和颞下回的灰质体积减小。Richlan等人（2013）纳入9篇文献共266人（134名阅读障碍者），发现阅读障碍者双侧颞上回的灰质体积减小。Eckert等人（2016）纳入11篇文献共462人（293名阅读障碍者），发现阅读障碍者左侧眶额皮层和左侧后颞上沟的灰质体积减小。同时对字母语言（17篇文献）和汉语（6篇文献）阅读障碍者灰质体积的元分析发现，字母语言阅读障碍者左侧额下回、右侧颞上回和右侧尾状核的灰质体积减小，左侧顶下小叶和右侧颞中回的灰质体积增加；而汉语阅读障碍者左侧颞顶区、左侧距状裂和额中回的灰质体积减小，右侧颞上回的灰质体积增加，表明不同语言背景下的阅读障碍者具有不同的结构异常（Yan et al., 2021）。

基于皮层的形态学（surface-based morphometry，SBM）分析关注皮层水平的厚度和表面积特征，Frye等人（2010）发现阅读障碍成人额下区和梭状回区域的皮层表面积减小；Ma等人（2015）发现阅读障碍儿童左侧梭状回和右侧颞顶区有更大的皮层厚度；Frost和Goebel（2012）则发现阅读障碍儿童左侧枕颞区的皮层厚度减小。可见，虽然目前基于皮层的形态学分析还较少，结果也不完全一致，但均发现了阅读障碍者的异常。

弥散张量成像（diffusion tensor imaging，DTI）技术可以用来考查大脑区域的结构连接，测得白质的各向异性（fractional anisotropy，FA）。研究发现主要有以下几条白质束（white matter tracts）参与阅读，包括背侧通路的弓状束（arcuate fasciculus，AF），弓状束是上纵束（superior longitudinal fasciculus，SLF）的一部分，腹侧通路的下额枕束（inferior fronto-occipital fasciculus，IFOF）和下纵束（inferior longitudinal fasciculus，ILF），以及连接左右半球的胼胝体（corpus callosum，CC）。其中，弓状束连接颞顶区（威尔尼克区）和前额叶（布洛卡区），与语言加工有关。下纵束连接枕叶和颞叶，主要与视觉加工有关。下额枕束连接枕叶和眶额叶，与正字法、语音、语义加工均有关。胼胝体是大脑中最大的一条白质纤维束，连接着大脑左右半球的同源区域，与大脑偏侧化有关。元分析发现阅读障碍者左侧颞顶区的各向异性下降，主要包括弓状束和上放射冠（superior corona radiata，SCR）（Vandermosten, Boets, Wouters, & Ghesquière, 2012）。

第四节 发展性阅读障碍的遗传基础

阅读障碍具有一定的遗传性，早期的家庭聚集性研究发现有发展性阅读障碍家族史的儿童的患病率远大于一般儿童，高达40%~60%（Vogler et al., 1985）。双生子研究进一步控制了遗传背景，同卵和异卵双生子分别具有100%和50%的遗传相似性，通常双生子也具有相似的成长环境，对他们的阅读相关表型分析就可以估算阅读能力的遗传力，双生子研究发现阅读（0.44）、拼写（0.75）、语音（0.59）、正字法（0.56）均表现出较高的遗传度（William & O'Donovan, 2006）。分子遗传学研究进一步确定了几个具有较高可重复性的阅读障碍风险基因，分别是DCDC2、KIAA0319、ROBO1、DYX1C1（Deng, Zhao, & Zuo, 2019; Hannula-Jouppi et al., 2005; Mascheretti et al., 2014; Meng et al., 2005; Tran et al., 2013; Zhong et al., 2013; Zou et al., 2012）。

在人类6号染色体（DYX2）上的DCDC2和KIAA0319是最可能的阅读障碍风险基因，其上的某些单核苷酸多态性（single nucleotide polymorphism, SNP；基因的单个核苷酸突变引起的多态性）可能导致阅读障碍。Deffenbacher（2004）对349个英语（美国）核心家庭（共1559人）的研究发现，DCDC2上的8个SNPs与阅读障碍相关。Meng等人（2005）对153个英语（美国）核心家庭（共536人）的研究发现DCDC2的11个SNPs与阅读障碍显著相关。随后的许多研究证实了DCDC2与不同语言阅读障碍的关系，包括英语（英国）（Newbury et al., 2011; Scerri et al., 2011），德语（Ludwig et al., 2008; Wilcke et al., 2009），汉语（Chen et al., 2017; Sun et al., 2014）。还有许多研究反复发现了KIAA0319与阅读障碍的关联（e.g., Cope et al., 2005; Francis et al., 2004; Lim et al., 2014; Harold et al., 2006; Sun et al., 2014）。Deng等人（2019）对

11篇文献报告的KIAA0319的多个SNPs与阅读障碍的关系进行了元分析，发现rs3212236在英国被试中与阅读障碍显著相关，rs6935076在加拿大被试中与阅读障碍显著相关，这说明阅读障碍风险基因的具体位点与文化因素有关。还有研究发现，位于人类3号染色体上的ROBO1也可能是阅读障碍的风险基因之一。Hannula-Jouppi等（2005）对一个芬兰语阅读障碍家系（74名家庭成员中有27名为阅读障碍者）进行了研究，发现该家庭27名阅读障碍者中有21名的ROBO1异常，研究者认为该基因可能导致阅读障碍。此后的研究进一步证实了ROBO1与意大利语阅读障碍的关系（Mascheretti et al., 2014; Venkatesh, Siddaiah, Padakannaya, & Ramachandra, 2013）。此外，有研究发现，在正常群体中，ROBO1与语音加工能力有关，而语音加工能力是阅读能力的重要相关因素（Bates et al., 2011）。Taipale等人（2003）最早在一项芬兰家系研究中发现15号染色体上的DYX1C1是阅读障碍的风险基因，且DYX1C1的两个SNPs与阅读障碍相关，一个是rs3743205突变，另一个是rs57809907突变。随后许多研究证实了DYX1C1与阅读障碍的相关性（e.g., Bates et al., 2010; Scerri et al., 2004; Wigg et al., 2004），Lim等人（2011）通过对香港131个有阅读障碍的家庭（共393人，131名有阅读障碍）进行研究，考查了DYX1C1上8个SNPs与汉语阅读障碍的关系，结果发现DYX1C1的一个SNP（rs3743205）与汉语阅读障碍显著相关，且该SNP与阅读、快速命名、语音短时记忆和正字法意识显著相关，证实了DYX1C1对汉语阅读障碍的作用。

阅读障碍病因复杂，受到环境、基因和基因–环境相互作用的影响，对阅读障碍的分子遗传学研究极大促进了我们对阅读障碍的理解，这些风险基因突变可能导致神经元迁移和轴突生长畸形，进而导致异常的皮层–皮层和皮层–丘脑回路，影响对阅读习得至关重要的感觉运动、知觉和认知过程。

第五节　发展性阅读障碍的预测研究

目前，阅读障碍只有在个体进入学校正式学习阅读后才能诊断出来，一般要到小学二年级末三年级初。在儿童正式接受学校教育之前，阅读障碍很难被诊断。但是，小学二年级末或三年级初的儿童已经经历了长时间的阅读失败，在学业成绩上落后于同龄人，此时才开始诊断识别阅读障碍个体是一种"等待失败（wait-to-fail）"的方法（Reynolds & Shaywitz，2009）。阅读障碍的诊断时间落后于有效干预时间，这种很难避免的时间差被称为"阅读障碍悖论"（dyslexia paradox）（Ozernov-Palchik & Gaab，2016）。由于阅读干预在早期阶段才更加有效，如学龄前或一年级，此时儿童的大脑具有高度可塑性（Wanzek & Vaughn，2007），当有阅读障碍风险（父母中至少有一人是阅读障碍）的儿童接受早期干预后，56%~92%的儿童可以达到正常同龄人的阅读水平（Torgesen，2004），因此"等待失败"的方法是不提倡的，只有找到阅读障碍可靠的早期预测指标，才能在阅读障碍症状出现之前就有针对性地实施干预措施，以减少阅读障碍对个体带来的不利影响。

一、字母语言文字中阅读障碍的行为预测研究

由于阅读障碍具有遗传性，研究者一般通过对有阅读障碍遗传风险家庭的学龄前儿童进行研究，寻找阅读障碍的预测指标。有阅读障碍遗传风险的家庭是指儿童的一级亲属（父母或亲兄弟姐妹）中至少有一人是阅读障碍（Scarborough，1989）。Snowling 和 Melby-Lervag（2016）对 95 篇高阅读障碍家庭风险的婴幼儿和学龄前儿童的文献进行了元分析，学龄前指标包括非言语智力、运动能力、听觉加工能力（言语知觉、纯音知觉、噪音中纯音探测）、视觉加工能力（视知觉、视觉匹配、视觉线索）、口语

能力（发音、词汇知识、语法、语音记忆/非词重复）、言语短时记忆（数字或词汇广度）、解码能力（字母知识、音位意识、押韵意识、快速自动化命名）。结果显示，高风险婴幼儿（<3岁）的口语能力（发音能力、词汇知识）显著差于低风险婴幼儿，高风险学龄前儿童（3~5.5岁）的非言语智力、听觉加工能力、口语能力（发音、词汇知识、语音记忆）、言语短时记忆、解码能力（字母知识、音位意识、押韵意识、快速自动化命名）显著差于低风险儿童，表明这些能力发展异常可能是阅读障碍的风险因素。但是，即使在入学前有阅读障碍风险入学后也不一定被正式诊断为阅读障碍（Sanfilippo et al., 2020），只有在学龄前的指标能够预测之后的阅读能力或阅读障碍本身时，才能确定该指标与阅读能力的因果关系。那么上述风险因素是否能够预测之后的阅读能力呢？回答这个问题需要追踪研究，即同一批被试在多个时间点测得关注的多个变量。

追踪研究发现一些阅读相关能力，如语音意识、语音记忆、快速命名以及字母知识，是阅读能力及阅读障碍的有力预测指标（Ozernov-Palchik & Gaab, 2016）。Caravolas等人（2012）研究了不同字母语言背景下阅读的预测指标，研究以正常学龄前儿童为被试，语言类型包括英语（深层正字法）、西班牙语（浅层正字法）、斯洛伐克语（浅层正字法）、捷克语（浅层正字法），结果发现在四种语言中，入学前儿童的音位意识、字母知识、快速命名能力均能够预测10个月后（一年级）的阅读能力，说明不论正字法深浅，字母文字阅读的预测因子是一样的。Pennington和Lefly（2001）对英语67名阅读障碍高风险儿童和57名低风险儿童从学龄前（5.4岁）追踪到二年级，发现对高风险儿童，学龄前的字母知识是阅读能力最有力的预测指标；而对低风险儿童，学龄前的音位意识是阅读能力最有力的预测指标，可见，高低风险儿童的预测因素不同。选取同样的被试，Cardoso-Martins和Pennington（2004）发现对于高风险组和低风险组儿童，学龄前（5.4岁）的音位意识和快速命名能力均与一年级的阅读能力相关，但是在控制了音位意识后，快速命名能力不再独立预测阅读能力。上述研究说明尽管阅读障碍在儿童入学后才能被正式诊断出来，但在入学前已有一些预测性因素。

　　除了阅读相关能力对阅读的预测作用，追踪研究还发现一般听觉加工能力可以预测阅读。Hood 和 Conlon（2004）测量了 125 名学龄前正常英语儿童（5.36 岁）的听觉时间顺序判断能力，即随机依次呈现两个声音，鸭子叫（166Hz）或老鼠叫（1430Hz），刺激间隔 8ms、15ms、30ms、60ms、150ms、300ms，要求儿童判断哪个声音先呈现，记录儿童反应的正确率。进入小学一年级后，追踪测量了他们的阅读准确性和阅读流畅性。结果发现即使控制了年龄、早期家庭阅读环境、记忆、注意、非言语智力、有无言语障碍等因素后，儿童学龄前的听觉时间加工能力仍能显著预测一年级时的阅读能力。Steinbrink 等人（2014）对 236 名刚进入小学一年级（6.58 岁）的正常德语儿童的听觉时间顺序判断能力进行了测量，任务要求儿童找出快速呈现的两个纯音中第一个呈现的音，追踪儿童分别在一、二年级结束时的阅读和拼写能力，结果表明，即使控制了非言语智力、工作记忆、注意和年龄后，儿童刚升一年级时的听觉时间加工能力对一年级结束时的阅读准确性和拼写准确性具有独立预测作用，对二年级结束时的拼写准确性有独立预测作用。Boets 等人开展了一系列研究，对 62 名学龄前荷兰语儿童（64 个月）进行了追踪，其中 31 名为阅读障碍高风险儿童，测查了他们在学龄前的基本听觉加工能力（包括频率调制探测能力、噪音间隙探测能力）、言语感知能力（包括噪音中言语感知能力、范畴感知能力）、语音能力（包括语音意识、语音短时记忆、快速命名）以及字母知识，追踪测查了儿童在一年级和三年级的阅读和拼写能力。研究者根据三年级的阅读成绩诊断出 16 名阅读障碍儿童，然后进行了回溯分析。结果发现在幼儿园时期，阅读障碍儿童的频率调制探测能力、噪音中言语感知能力以及范畴感知能力就已经显著差于正常阅读者。此外，追踪结果发现幼儿园时期测得的所有能力均与一年级和三年级的阅读和拼写能力相关。路径分析发现儿童学龄前的频率调制探测能力可以通过学龄前的语音意识影响小学一年级时的阅读和拼写能力，即使在控制了字母知识和语音意识后，学龄前的听觉频率调制探测和噪音中言语感知能力依然独立预测一年级的阅读和拼写能力（Boets，Ghesquière，van Wieringen，& Wouters，2007；Boets et al.，2011；Boets，Wouters，van Wieringen，De Smedt，& Ghesquière，2008；Boets，Wouters，van Wieringen，& Ghesquière，2006，2007）。

有研究发现视知觉能力也可以预测阅读。Kevan 和 Pammer（2008，2009）对 19 名学龄前阅读障碍高风险儿童（7 岁）和 39 名低风险儿童进行了追踪，测查了学龄前儿童的视觉高时间频率光栅的对比度敏感性、一致性运动探测能力，在 18 个月后（一年级）追踪测得他们的阅读能力，结果显示，在控制了年龄、智力和字母知识后，学龄前儿童的对比度敏感性和一致性运动探测能力可以独立解释一年级的阅读能力（阅读准确性和假词阅读）。同时，研究发现学龄前阅读障碍高风险儿童对高时间频率光栅的对比度敏感性显著低于正常组儿童，他们的一致性运动探测阈限显著高于正常组儿童。Boets 等人（2008）发现在控制了非言语智力、语音意识、快速自动化命名和言语短时记忆后，学龄前儿童的一致性运动敏感性与一年级时的阅读能力相关。这些研究说明除了听觉加工能力，视知觉能力也可以独立预测阅读，特别是一致性运动敏感性和对高时间频率光栅的对比度敏感性，这两种能力背后均需要视觉大细胞的参与，反映了视觉大细胞功能对阅读和阅读障碍的预测能力。我们将在之后的章节进一步探讨。

二、汉语阅读障碍的行为预测研究

研究发现一些阅读相关能力可以预测汉语阅读能力，包括语音意识、快速命名、正字法加工能力和语素意识。Ho 和 Bryant（1997）对香港 100 名儿童从 3 岁开始追踪到 7 岁（一年级），在 3 岁时测查了儿童的视知觉和语音意识（押韵意识），在 7 岁时追踪测查了阅读能力，结果显示，3 岁时的视知觉能力和语音意识均与他们一年级时的阅读能力相关，即使在控制了年龄、智力和母亲的受教育水平之后，3 岁时的语音意识仍能显著预测 7 岁时的阅读能力。Huang 和 Hanley（1997）测查了台湾 40 名学前儿童（6 岁）的语音意识和视知觉能力，结果发现控制了智力和词汇量后，学前儿童的语音意识能独立预测其在一年级结束时的阅读能力，而视知觉能力没有独立预测作用。McBride-Chang 等人（2003）发现在控制了语音意识、快速命名和词汇量后，学龄前儿童（5 岁）的语素意识仍能独立解释二年级时的汉语阅读。Lei 等人（2011）测查了北京 261 名儿童 3~6 岁的阅读相关能力，以及他们 8 岁时的阅读能力，结果发现学前儿童的语音意识、快速命名能力和语素意识是其学龄期汉语阅读能力的关键预测因素。Ho 等人（2011）对香港 76 名阅读障碍高风险儿童和 25 名低风险儿童从 4 岁追踪到 6 岁（均在学前），根据 6 岁时测得的阅读和听写成绩将高风险组划分为好的阅读者（40 名）和差的阅读者（36 名），结果发现高风险差阅读者在口语、语音、快速命名、正字法、语素以及学前阅读测试中的表现显著差于高风险好阅读者和低风险组。Wong 等人（2012）选取香港 114 名阅读障碍高风险学龄前儿童（5 岁），测得其阅读相关能力，以及他们一年级（7 岁）时的阅读成绩，并进行回溯研究，114 名高风险儿童中有 57 名儿童被诊断为阅读障碍，测试结果表明，阅读障碍高风险儿童（5 岁）比正常儿童具有更差的快速命名和语素意识测试成绩，说明快速命名能力和语素意识可能是阅读障碍的早期预测指标。McBride-Chang 等人（2011）对香港 47 名阅读障碍高风险学龄前儿童（5 岁）和 47 名低风险儿童进行比较研究，分别测查了他们的阅读相关能力，包括音节意识、声调意识、快速命名、视知觉、语素意识，并追踪测查了他们一年级（7 岁）时的阅读能力，结果表明，在控制了年龄、性别、智商后，语素意识可以独立解释两组被试的阅读准确性，快速命名能力可以独立解释两组被试的阅读流畅性；另外，视知觉能力能独立解释高风险组的阅读能力，声调和音节意识可以独立解释低风险组的阅读能力。综上，对于汉语阅读，语音意识、快速命名能力和语素意识表现出较稳定的预测作用。

除了阅读相关能力，刘宇飞（2021）系统探究了汉语学龄前儿童的一般感知觉能力对其汉语阅读能力的预测。研究以33名学龄前儿童（6.17岁）为被试，测查了他们的基本听觉和视觉加工能力，听觉任务包括听觉频率区分任务（有参考和无参考两个条件）、听觉时间顺序判断任务，视觉任务包括视觉高/低时间频率光栅对比度敏感性探测和视觉一致性运动探测。在其一年级（7.09岁）时，又追踪测查了阅读及阅读相关能力。结果发现控制年龄和智力后，学龄前儿童有参考音的频率区分能力与一年级时的识字量显著相关，同时还与一年级时的语素意识和语音倒序记忆显著相关；听觉时间顺序判断能力与语素意识和语音正序记忆相关。学龄前儿童的高时间频率光栅视觉对比度敏感性和他们一年级时的语音意识和语素意识相关，学龄前儿童对低时间频率光栅的对比度敏感性与一年级时的正字法加工能力相关；儿童学龄前的一致性运动探测能力与一年级时的语音意识、图片快速命名能力和语音顺序及倒序记忆相关。这说明汉语儿童学龄前的一般听觉和视觉加工能力可以预测一年级时的阅读或阅读相关能力。值得注意的是，在该研究的某些视觉任务中可能需要视觉大细胞的参与，如加工高时间频率、运动的视觉刺激。

三、阅读障碍的神经预测研究

由于阅读障碍具有底层的神经生物学基础，找到阅读习得之前的神经预测指标可以进一步提升阅读障碍早期诊断的有效性。

脑成像研究发现，学龄期被诊断为阅读障碍的儿童在接受正式阅读教育前就已经表现出脑结构和功能的异常，如初级听觉区、视觉区以及扣带回和额叶区域的皮层厚度相比对照组更薄（Clark et al., 2014），左侧初级听觉皮层折叠、左侧弓状束的流线密度（streamline density）相比对照组更大（Kuhl et al., 2020），左侧弓状束的各向异性相比对照组更小（Vanderauwera et al., 2018），左侧弓状束的T1强度（intensity）相比对照组更大（Kraft et al., 2016），双侧梭状回的表面积相比对照组减小（Beelen et al., 2019），加工文字时左侧梭状回的激活相比对照组减弱（Centanni et al., 2019）。此外，也有许多追踪研究发现学龄前儿童的大脑结构和功能特征可以预测之后阅读能力的发展，如左侧外侧裂区域的白质体积（Myers et al., 2014），左侧弓状束的各向异性（Gullick & Booth, 2015; Borchers et al., 2019; Vanderauwera et al., 2018），双侧上纵束的各向异性（Borchers et al., 2019），左侧小脑下脚（inferior cerebellar peduncle，ICP）的各向异性（Borchers et al., 2019），形音整合过程在左侧颞上回的激活（Marks et al., 2019; Preston et al., 2015），语音加工过程中左侧顶下皮层与左侧枕颞皮层的功能连接（Yu et al., 2018）。

脑电技术进一步提供了大脑神经电生理方面的证据。许多研究采用失匹配反应（mismatch response，MMR）作为大脑早期加工活动的指标，因为其不需要注意的参与，方便在低年龄儿童中测得（Alho, Woods, Algazi, & Näätänen, 1992; Näätänen, 1995）。采用这一指标的大量研究一致发现有阅读障碍风险的婴儿（0~6个月）、儿童（6~7岁）相比低风险组相应儿童的言语MMR波幅下降（婴儿：Leppänen et al., 1999; Leppänen et al., 2002; Pihko et al., 1999; Schaadt et al., 2015; van Leeuwen et al., 2006; van Zuijen et al., 2013；儿童：Bitz et al., 2007; Lovio et al., 2010; Maurer et al., 2003; Noordenbos et al., 2012）。同时，许多研究发现学龄前儿童的言语或非言语MMR波幅与之后的阅读能力相关（Maurer et al., 2009; Plakas et al., 2013; Schaadt et al., 2015; van Zuijen et al., 2012）。对汉语学龄前儿童（5.60~6.99岁）的研究也发现言语MMR与其一年级时的阅读能力相关（Hong et al., 2018）。Li等人

（2024）的研究发现汉语学龄前儿童（6~7岁）的非言语（听觉时间加工）MMR波幅与其二年级、四年级时的阅读流畅性相关。这些研究表明电生理指标MMR有望成为早期识别阅读障碍的重要成分。

总结来看，在正式开始学习阅读之前，左侧弓状束和左侧外侧裂皮层的结构特征、文字加工时左侧枕颞区的功能特征、形音整合时颞上沟回的功能特征以及听觉加工的电生理指标有望成为早期诊断阅读障碍的候选生物学标志。

部分参考文献

［1］ 古婵媛. 汉语发展性阅读障碍儿童的声调范畴感知［D］. 北京：中国科学院大学，2020.

［2］ 刘宇飞. 汉语学龄前儿童时间加工能力对汉字阅读能力的预测研究［D］. 北京：中国科学院大学，2021.

［3］ 张承芬, 张景焕, 殷荣生, 周静, 常淑敏. (1996). 关于我国学生汉语阅读困难的研究. *心理科学*, (4), 222-226+256.

［4］ Afonso, O., Suárez-Coalla, P., & Cuetos, F. (2015). Spelling impairments in Spanish dyslexic adults. *Front Psychol*, *6*, 466.

［5］ Alho, K., Woods, D. L., Algazi, A., & Näätänen, R. (1992). Intermodal selective attention. II. Effects of attentional load on processing of auditory and visual stimuli in central space. *Electroencephalogr Clin Neurophysiol*, *82*(5), 356-368.

［6］ Angelelli, P., Notarnicola, A., Judica, A., Zoccolotti, P., & Luzzatti, C. (2010). Spelling impairments in Italian dyslexic children: phenomenological changes in primary school. *Cortex*, *46*(10), 1299-1311.

［7］ Arnold, E. M., Goldston, D. B., Walsh, A. K., Reboussin, B. A., Daniel, S. S., Hickman, E., & Wood, F. B. (2005). Severity of emotional and behavioral problems among poor and typical readers. *J Abnorm Child Psychol*, *33*(2), 205-217.

［8］ Asadi, I. A., Kasperski, R., & Sarid, M. (2023). The cumulative effect of socioeconomic status and dyslexia on linguistic, cognitive and reading skills among Arabic-speaking children. *Dyslexia*, *29*(2), 78-96.

[9] Bates, T. C., Lind, P. A., Luciano, M., Montgomery, G. W., Martin, N. G., & Wright, M. J. (2010). Dyslexia and DYX1C1: deficits in reading and spelling associated with a missense mutation. *Mol Psychiatry, 15*(12), 1190-1196.

[10] Bates, T. C., Luciano, M., Medland, S. E., Montgomery, G. W., Wright, M. J., & Martin, N. G. (2011). Genetic variance in a component of the language acquisition device: ROBO1 polymorphisms associated with phonological buffer deficits. *Behav Genet, 41*(1), 50-57.

[11] Baumeister, A. L., Storch, E. A., & Geffken, G. R. (2008). Peer Victimization in Children with Learning Disabilities. *Child and Adolescent Social Work Journal, 25*(1), 11-23.

[12] Beelen, C., Vanderauwera, J., Wouters, J., Vandermosten, M., & Ghesquière, P. (2019). Atypical gray matter in children with dyslexia before the onset of reading instruction. *Cortex, 121*, 399-413.

[13] Bitz, U., Gust, K., Spitzer, M., & Kiefer, M. (2007). Phonological deficit in school children is reflected in the Mismatch Negativity. *Neuroreport, 18*(9), 911-915.

[14] Boets, B., Ghesquière, P., van Wieringen, A., & Wouters, J. (2007). Speech perception in preschoolers at family risk for dyslexia: relations with low-level auditory processing and phonological ability. *Brain Lang, 101*(1), 19-30.

[15] Boets, B., Vandermosten, M., Poelmans, H., Luts, H., Wouters, J., & Ghesquière, P. (2011). Preschool impairments in auditory processing and speech perception uniquely predict future reading problems. *Res Dev Disabil, 32*(2), 560-570.

[16] Boets, B., Wouters, J., van Wieringen, A., & Ghesquière, P. (2006). Auditory temporal information processing in preschool children at family risk for dyslexia: relations with phonological abilities and developing literacy skills. *Brain Lang, 97*(1), 64-79.

[17] Boets, B., Wouters, J., van Wieringen, A., & Ghesquière, P. (2007). Auditory processing, speech perception and phonological ability in pre-

school children at high-risk for dyslexia: a longitudinal study of the auditory temporal processing theory. *Neuropsychologia, 45*(8), 1608-1620.

[18] Boets, B., Wouters, J., van Wieringen, A., De Smedt, B., & Ghesquière, P. (2008). Modelling relations between sensory processing, speech perception, orthographic and phonological ability, and literacy achievement. *Brain Lang, 106*(1), 29-40.

[19] Boetsch, E. A., Green, P. A., & Pennington, B. F. (1996). Psychosocial correlates of dyslexia across the life span. *Development and Psychopathology, 8*(3), 539-562.

[20] Borchers, L. R., Bruckert, L., Dodson, C. K., Travis, K. E., Marchman, V. A., Ben-Shachar, M., & Feldman, H. M. (2019). Microstructural properties of white matter pathways in relation to subsequent reading abilities in children: a longitudinal analysis. *Brain Struct Funct, 224*(2), 891-905.

[21] Brambati, S. M., Termine, C., Ruffino, M., Stella, G., Fazio, F., Cappa, S. F., & Perani, D. (2004). Regional reductions of gray matter volume in familial dyslexia. *Neurology, 63*(4), 742-745.

[22] Brown, W. E., Eliez, S., Menon, V., Rumsey, J. M., White, C. D., & Reiss, A. L. (2001). Preliminary evidence of widespread morphological variations of the brain in dyslexia. *Neurology, 56*(6), 781-783.

[23] Buchweitz, A., Costa, A. C., Toazza, R., de Moraes, A. B., Cara, V. M., Esper, N. B., Aguzzoli, C., Gregolim, B., Dresch, L. F., Soldatelli, M. D., da Costa, J. C., Portuguez, M. W., & Franco, A. R. (2019). Decoupling of the Occipitotemporal Cortex and the Brain's Default-Mode Network in Dyslexia and a Role for the Cingulate Cortex in Good Readers: A Brain Imaging Study of Brazilian Children. *Dev Neuropsychol, 44*(1), 146-157.

[24] Caravolas, M., Lervåg, A., Mousikou, P., Efrim, C., Litavsky, M., Onochie-Quintanilla, E., Salas, N., Schöffelová, M., Defior, S., Mikulajová, M., Seidlová-Málková, G., & Hulme, C. (2012). Common patterns of prediction of literacy development in different alphabetic orthographies. *Psychol Sci,*

23(6), 678-686.

[25] Cardoso-Martins, C., & Pennington, B. F. (2004). The relationship between phoneme awareness and rapid serial naming skills and literacy acquisition: The role of developmental period and reading ability. *SCIENTIFIC STUDIES OF READING, 8*(1), 27-52.

[26] Carioti, D., Masia, M. F., Travellini, S., & Berlingeri, M. (2021). Orthographic depth and developmental dyslexia: a meta-analytic study. *Ann Dyslexia, 71*(3), 399-438.

[27] Carroll, J. M., & Iles, J. E. (2006). An assessment of anxiety levels in dyslexic students in higher education. *Br J Educ Psychol, 76*(Pt 3), 651-662.

[28] Carroll, J. M., Maughan, B., Goodman, R., & Meltzer, H. (2005). Literacy difficulties and psychiatric disorders: evidence for comorbidity. *J Child Psychol Psychiatry, 46*(5), 524-532.

[29] Centanni, T. M., Norton, E. S., Ozernov-Palchik, O., Park, A., Beach, S. D., Halverson, K., Gaab, N., & Gabrieli, J. D. E. (2019). Disrupted left fusiform response to print in beginning kindergartners is associated with subsequent reading. *Neuroimage Clin, 22*, 101715.

第二章

发展性阅读障碍缺陷的相关理论

关于发展性阅读障碍缺陷的理论有很多，主要分为两类，即语言层面和一般感知觉层面（Ramus，2003）。语言缺陷理论认为阅读障碍者加工语言相关的能力受损，包括最早提出的语音加工缺陷理论以及近些年提出的形音整合缺陷理论等。一般感知觉缺陷理论则认为阅读障碍者存在基本的视觉或听觉加工缺陷，进而影响正字法和语音加工，导致阅读困难，视觉层面主要有视觉大细胞–背侧通路缺陷理论，听觉层面主要是听觉时间加工缺陷理论。此外，还有小脑自动化缺陷理论从更一般的角度解释阅读障碍。

第一节 语言缺陷理论

一、语音加工缺陷理论

语音加工缺陷理论认为阅读障碍者在语音的表征、存储和提取方面存在困难（Ramus et al.，2003；Vellutino et al.，2004），进而导致阅读困难，在语音意识、语音工作记忆和快速命名任务中表现更差。语音意识是感知和操控口头言语语音单位的能力（Goswami，1993），语音单位从大到小依次为音节、首音和尾音、音素。语音短时记忆是存储和保持语音的能力（Baddeley，2003）。快速命名是个体尽可能快地命名高度熟悉的刺激（如字母、数字、颜色或物体）的能力（Landerl，et al.，2019）。在拼音文字中，阅读障碍者普遍存在语音缺陷这一观点已得到一致认可，有大量行为和神经证据的支持。

在行为层面，Pennington 等人（1990）对比了 15 名阅读障碍成人和同年龄与同阅读水平对照组成人的语音加工能力，结果发现阅读障碍组在音位意识上显著差于两个对照组，说明语音意识缺陷是阅读障碍的原因。Ramus 等人（2003）考查了 16 名阅读障碍成人的一系列语音能力，发现 16 名阅读障碍者均具有语音缺陷，据此研究者认为语音缺陷是导致阅读障碍的充分条件。阅读障碍者的语音缺陷已经得到大量行为证据的支持（见第一章第二节）。

在神经层面，采用 fMRI 技术，Hoeft 等人（2006）使用视觉押韵判断任务对阅读障碍儿童和同年龄与同阅读水平对照组进行考查，要求被试判断两个词汇是否押韵（如 bait-gate），发现阅读障碍儿童左侧颞顶区的激活弱于两个对照组，说明左侧颞顶区激活不足可能是阅读障碍者语音缺陷的原因之一。Kovelman 等人（2012）采用听觉押韵判断任务对阅读障碍儿童和同阅读水平对照组进行考查，发现阅读障碍儿童左侧背外侧前额叶的激活弱于对照组，说明左侧背外侧前额叶激活不足也可能是阅读障碍者语音缺陷的一个原因。这与前文提到的阅读障碍者的左侧语言网络功能缺陷的结果一致。

二、形音整合缺陷理论

近年来，有研究者提出阅读障碍的问题不仅仅在于单纯的语音表征，而是建立字母 – 语音对应关系的能力受损，提出了形音整合缺陷理论

（Blomert，2011；Hahn，Foxe，& Molholm，2014）。该理论认为，建立形音对应关系的缺陷会阻碍个体对正字法的学习，从而影响流利阅读。这一理论也得到了大量行为和神经层面证据的支持。

在行为层面，Snowling（1980）对英语阅读障碍儿童和同阅读水平对照组儿童进行考查，以真实单词和可以发音的假词作为刺激材料，通过四种方式向被试非同步呈现两个刺激：先后都是听觉呈现、先后都是视觉呈现、先视觉后听觉呈现以及先听觉后视觉呈现，要求被试判断前后呈现的两个刺激是否相同。结果发现，只有在先视觉呈现后听觉再认时，阅读障碍儿童的正确率显著低于对照组儿童，在其余三种条件下，两组儿童的成绩没有显著差异。研究者认为，当先呈现视觉刺激后呈现听觉刺激时，被试需要先对视觉刺激进行语音编码，然后对刺激的听觉信息进行相似性判断，阅读障碍儿童可能存在形音转换困难，因而导致其跨通道加工的缺陷。Shaul（2014）要求希伯来语的阅读障碍成人对单词的真假性进行判断，设置视听跨通道、视觉和听觉单通道三个条件，发现阅读障碍成人在视听跨通道和视觉单通道条件下的正确率低于对照组成人，而听觉单通道条件下两组表现没有显著差异。研究者推测阅读障碍者的跨通道缺陷可能与其视觉加工困难有关。杨滢晖（2017）对汉语阅读障碍儿童的形音整合能力进行了考查，采用真假字判断任务和真假音判断任务，设置视听一致（如郝 –/hao3/）、视听不一致（如醋 –/xie2/）、视觉单通道、听觉单通道条件，结果发现在四种条件下阅读障碍儿童的正确率均显著差于对照组；但是，当排除单通道的影响后，在多感觉整合指标上［(跨通道 – 单通道)/ 单通道］，两组被试不再表现出组间差异，说明汉语阅读障碍的跨通道形音整合缺陷可能来自单通道的加工缺陷。

在神经层面，Blau 等人（2009）利用 fMRI 技术对荷兰语阅读障碍成人和正常成人进行考查，采用被动听语音和看字母的任务，设置视听一致、视听不一致、视觉单通道和听觉单通道条件。结果显示，对照组的颞上回 /

颞上沟（superior temporal gyrus，STG/ superior temporal sulcus，STS）在视听一致条件比不一致条件（一致性效应）的激活更强，而阅读障碍成人在视听一致和不一致条件的激活无差异，说明阅读障碍成人的形音整合效应缺失。此外，听觉单通道条件下阅读障碍成人双侧颞上回的激活弱于对照组，而视觉单通道条件没有发现组间差异，且视听一致性效应与听觉单通道的激活显著相关，说明阅读障碍者的形音整合缺陷可能与听觉语音加工缺陷有关。随后 Blau 等人（2010）采用相同的实验范式在阅读障碍儿童中进行了研究，结果发现对照组儿童在左侧颞平面（planum temporale，PT）与赫氏回（Heschl's gyrus，HG）交会处以及双侧颞上沟表现出一致性效应，而在阅读障碍组没有发现一致性效应，同时，在听觉单通道条件下，阅读障碍儿童的双侧颞上回前部激活弱于正常儿童，在视觉单通道条件下，阅读障碍儿童的双侧梭状回激活弱于正常儿童，表明阅读障碍儿童存在形音整合的脑功能异常，并且其语音加工和字形加工都存在功能异常；此外，参与形音整合的左侧颞平面与赫氏回、双侧颞上沟的激活与听觉单通道条件下颞上回的激活相关，但是与视觉单通道条件下梭状回的激活不相关，据此研究者认为，相对于视觉单通道条件下的字形解码加工，听觉单通道条件下的语音解码与形音整合之间的联系更加紧密。Kast 等人（2011）要求阅读障碍成人在视听跨通道、视觉和听觉单通道条件下完成真假词汇判断任务，fMRI 结果显示在视听条件下，阅读障碍成人的右侧颞上沟、左侧缘上回的激活弱于正常成人，而右侧脑岛的激活比正常成人要强，在听觉和视觉单通道条件下两组被试的脑活动不存在显著差异。研究者认为，右侧脑岛负责接收来自视觉、听觉、触觉等不同感觉通道的信息，并且该脑区是可以同时与颞叶和顶叶产生联结的"多通道感觉汇聚区"，据此研究者推测，拼音文字阅读障碍成人的视听跨通道整合缺陷还与其右侧脑岛的功能异常有关。Kronschnabel 等人（2014）将视听刺激换成字母串和字母串的发音，结果发现视听一致相比视听不一致，阅读障碍成人相比正常对照组表现出左侧颞上回、左侧额下回、左侧角回以及左侧颞下皮层的激活不足,存在形音整合缺陷。Yang 等人(2020)采用真假词汇判断任务对汉语阅读障碍儿童进行研究,设置视听一致和视听不一致条件,发现对照组在左侧角回、左侧颞上回以及左侧额上回表现出一致性效应,而阅读障碍组则没有表现出一致性效应。功能连接结果显示阅读障碍组的一致性效应相比对照组在左侧角回到左侧舌回和小脑的功能连接显著下降。这些研究说明阅读障碍的形音整合缺陷具有其相应的神经基础。

ERP 技术也为阅读障碍个体的形音整合缺陷提供了大量神经电生理证据。Froyen 等人(2011)采用视听 oddball 范式探查了阅读障碍儿童的形音整合神经机制。设置视听跨通道条件和听觉单通道条件。在视听跨通道条件,给被试同时呈现视觉字母(a)和听觉语音(/a/ 或 /o/);在听觉单通道条件,仅呈现听觉语音(/a/ 或 /o/)。其中 /a/ 为标准刺激(大概率出现),/o/ 为偏差刺激(小概率出现)。偏差刺激与标准刺激的差异会诱发失匹配反应。结果发现,相对于语音以听觉单通道呈现,当视觉字母和语音同步出现时(视听跨通道条件),正常儿童的听觉联合皮层处出现失匹配负波(mismatch negativity,MMN,100~200ms)波幅增强的情况,这和在正常成年人研究中发现的脑电结果一致(Froyen et al., 2008)。研究者认为这表明形音整合加工发生在早期自动化加工阶段。然而该研究还发现,阅读障碍儿童的 MMN 波幅没有得到增强,只有晚期辨别负波(late discriminatory negativity,LDN,650ms)的波幅增强了。LDN 反映的是注意的参与和调控。合并两组被试的相关分析结果显示,LDN 波幅与字母 - 语音匹配判断任务的正确率存在显著负相关。研究者推测阅读障碍儿童的 LDN 波幅增强表明他们在字母和语音的自动化整合上存在困难,他们需要依赖注意的参与才能完成形音整合。Mittag 等人(2013)设置不同的视听跨通道条件,向被试呈现视觉单词、形似视觉单词的符号以及单词的发音,单词的发音同样设置标准条件和偏差条件以诱发 MMN。结果显示相比伴随符号出现,伴随单词出现的听觉偏差刺激在正常成人左半球和中线位置诱发的 MMN 波幅更大,而阅读障碍成人则没有。Žarić 等人(2014)采用与 Froyen 等人(2011)类似的视听 oddball 范式,将阅读障碍儿童按照阅读流畅性测试表现分为流畅性受损组和严重受损组,结果显示相比听觉单通道条件,受损组儿童在视听跨通道条件 MMN 波幅得到增强,而严重受损组儿童没有出现这种现象。这说明阅读障碍儿童的视听整合功能与其阅读流畅性联系紧密。随后 Žarić 等人(2015)对阅读障碍儿童进行了 6 个月的字母-语音匹配训练,发现阅读障碍儿童经过训练后在视听条件下的 LDN 波幅增强,并且其阅读流畅性也有所提升,这提示阅读障碍的形音整合缺陷可能是阅读困难的原因。Du 等人(2022)对汉语阅读障碍儿童进行考查,要求被试被动地听语音和看汉字,设置形音一致和不一致条件,将一致和不一致的差异作为一致性效应,结果显示正常儿童在视听刺激同时呈现时表现出 N200 的一致性效应,阅读障碍儿童在视觉先于听觉刺激 300ms 呈现时才表现出一致性效应,研究者认为阅读障碍儿童存在延迟的形音整合。

第二节 一般感知觉缺陷理论

一、视觉大细胞-背侧通路缺陷理论

发展性阅读障碍的视觉大细胞-背侧通路缺陷理论认为,阅读障碍的核心缺陷在于视觉大细胞-背侧通路的异常(Gori et al., 2014; Stein, 2001, 2014)。人类的视觉通路包括大细胞-背侧(magnocellular-dorsal,MD)通路和小细胞-腹侧(parvocellular-ventral,PV)通路,MD 通路起始于视网膜上的 M 型神经节细胞,将视觉信息通过外侧膝状体的大细胞层,传输至初级视觉皮层,并沿着背侧通路投射至视觉运动区(V5/MT 区)

和后顶叶皮层（posterior parietal cortex，PPC），最终投射到前额叶。视觉 MD 通路对高时间频率、低空间频率、低对比度的刺激更为敏感（Bar et al.，2006；Bullier，2001；Kaplan，2008）。大脑皮层视觉背侧通路上的重要脑区，如 MT 区和 PPC 区，主要接收视觉大细胞的信息输入，与视觉运动信息加工、空间定位以及视觉引导的动作（如扫视）等有关（Bisley，2004；Goodale & Milner，1992）。PV 通路起始于视网膜上的 P 型细胞，其接收到的视觉信息通过外侧膝状体的小细胞层传输至初级视觉皮层，并沿腹侧通路将视觉信息传导至外侧枕叶、梭状回、颞下回等区域。视觉小细胞主要对高空间频率、低时间频率、高对比度的视觉信息敏感，腹侧通路主要负责物体识别和颜色加工等（Bar et al.，2006；Kaplan，2008）。大细胞-背侧通路缺陷理论认为阅读障碍者加工高时间频率、低空间频率、低对比度以及运动的信息存在困难，这是本书关注的重点，我们将在后面的章节中详细论述。

二、听觉时间加工缺陷理论

一些研究者提出阅读障碍的语音缺陷背后存在更基础的听觉时间加工缺陷。Tallal（1980）首先发现阅读障碍存在快速听觉加工缺陷（rapid auditory processing deficit），研究者给被试依次随机呈现两个不同频率的声音（tone 1 = 54Hz，tone 2 = 180Hz），声音持续时间均为 75ms，操纵变化两个声音间的时间间隔（interstimulus interval，ISI）分别为 8ms、15ms、30ms、60ms、150ms、305ms、428ms，要求被试判断声音顺序，按顺序依次按键反应（tone 1 对应左键，tone 2 对应右键）。结果发现当 ISI 较短时（8~305ms），阅读障碍组的正确率显著低于对照组，而在 ISI 较长时（428ms），两组被试的正确率无差异。研究者认为，阅读障碍这种对快速呈现序列刺激的加工困难会导致对语音中快速连续出现的音位表征受损，进而导致阅读困难。Farmer 和 Klein（1995）进一步总结了快速听觉加工的相关研究，指出阅读障碍的语音加工缺陷来自更底层的听觉时间加工缺陷，即加工简短快速呈现的声音刺激存在困难。Meilleur等人（2020）对8篇文献的阅读障碍成人的听觉时间加工能力进行了元分析，发现了一个较大且显著的效应量，表明阅读障碍成人存在稳定的听觉时间加工缺陷。Fostick等人（2014）采用双耳时间顺序判断（temporal order judgment，TOJ）任务对阅读障碍成人进行听觉时间加工训练研究。在研究中，不同时间间隔的一对纯音刺激（频率和强度相同）通过双耳先后呈现给被试，要求被试判断左右耳纯音出现的先后顺序。研究发现，经过5天的训练，阅读障碍成人与正常成人的假字阅读和语音意识都得到了显著提高，而没有进行听觉时间加工训练的阅读障碍成人和正常成人被试的成绩无显著改变，说明听觉时间加工缺陷可能是导致阅读困难的原因。

还有一些研究者从听觉系统编码声音的动力学角度（如振幅上升时间、频率调制等）考查阅读障碍者的听觉时间加工能力。Witton等人（1998）向阅读障碍成人被试呈现一个纯音和调频（FM）音刺激对，两个声音刺激以随机的顺序呈现，要求被试报告哪一个声音是调频音。当声音频率的调制速率为2Hz和40Hz时，阅读障碍成人的调频音检测阈值更高、更不敏感。但是当声音频率的调制速率为240Hz时，阅读障碍成人的检测阈值与正常被试无显著差异。研究者指出，感知2Hz与40Hz的调频音时更多依靠时间线索，而对240Hz调频音的感知则依靠频谱线索，实验结果反映了阅读障碍成人对具有动态时间属性的听觉刺激不敏感。值得注意的是，阅读障碍者在低频调制（2Hz）和高频调制（40Hz）条件下都表现出了加工缺陷，这似乎从侧面说明阅读障碍者的听觉时间加工缺陷存在于一个广泛的时间域。上升时间也是语音信号中的关键事件，反映了振幅调制的模式，这种模式有助于将声音信号（如音节）按时间窗口进行分段（Goswami，2018），从而提供有效的言语感知线索（Goswami，2011；Hämäläinen et al.，2012）。Goswami等人（2010）进行的一项追踪研究发现，在振幅上升时间辨别任务中（非言语音调），阅读障碍儿童的辨别阈限显著高于同年龄对照组儿童以及年龄较小的同阅读水平对照组儿童。随后，Goswami 等人（2011）使用相同的上升时间辨别测验，考查了英国、西班牙和中国台湾地区阅读障碍儿童的听觉时间加工缺陷。结果表明，三个地区阅读障碍儿童的上升时间辨别阈限都显著高于同年龄对照组儿童，表明上升时间辨别能力受损是阅读障碍者普遍存在的一种听觉加工缺陷，具有跨语言一致性。Goswami 提出了时间采样框架（temporal sampling framework，TSF）模型来解释阅读障碍的语音缺陷。他指出，当个体听到一个言语信号时，声音中的振幅包络上升时间帮助个体将言语的不同频率调制区分开，慢的上升时间（100~300ms）对应低频调制（delta：1~4Hz 和 theta：4~8Hz），快的上升时间（20~50ms）对应高频调制（gamma > 20Hz）。听觉皮层神经振荡会同步采样相应的节律信号，发生神经同步化/神经夹带/锁相，低频采样主要发生在右半球，对应音节水平的时间整合，高频采样发生在双侧半球，对应音位水平的时间整合。发展性阅读障碍对振幅包络上升时间的感知存在困难，且对低频（delta 和 theta 频段）神经振荡同步化存在困难，这种右半球主导的低频神经振荡异常导致音节水平的语音表征受损，进一步导致阅读困难。Goswami（2011）认为这种在较长的音节时间水平的听觉时间加工缺陷是阅读障碍的主要原因。

三、小脑自动化缺陷理论

Nicolson 等人（2001）提出了小脑缺陷假设（cerebellar deficit hypothesis），认为小脑结构或功能的异常导致阅读障碍者运动能力不足或者自动化水平不高，影响了书写或发音等能力，造成阅读困难。运动序列学习任务经常被用于考查小脑的激活（Danelli et al., 2013；Nicolson et al., 1999），任务要求被试根据屏幕上依次呈现的有一定规律的序列刺激进行相应的按键反应，在学习的早期，认知负荷较大，刺激和按键匹配的学习过程依赖工作记忆的参与，随着被试成功习得固定刺激序列的呈现规律，被试的按键反应会变快，正确率会变高，行为逐渐自动化。Nicolson等人（1999）发现在运动序列学习任务中，阅读障碍成人右侧小脑Ⅵ区的激活显著弱于正常阅读者。进一步，Menghini等人（2006）发现在序列学习的早期，阅读障碍成人与对照组小脑的神经活动并未表现出差异，但在学习的晚期，阅读障碍组双侧小脑Ⅵ区的激活显著强于对照组。Yang等人（2013）采用运动序列学习任务对汉语阅读障碍儿童进行了研究，发现早期阶段小脑的激活没有差异，在晚期阶段阅读障碍儿童左侧小脑的激活显著强于对照组。

值得注意的是，一些研究发现即使在阅读相关的任务中，阅读障碍者也会表现出小脑活动异常。例如，Richlan等人（2010）比较了阅读障碍成人与正常阅读者在加工真词和假词时的神经活动，发现阅读障碍者无论加工真词还是假词，其右侧小脑Ⅵ区的激活都显著强于正常阅读者，说明小脑也参与语言（语音、语义等）加工。此外，在需要语音加工的押韵判断任务中，一些研究发现阅读障碍儿童右侧小脑Ⅵ区的激活显著弱于正常阅读者（Meng et al.，2016；Raschle et al.，2012）。在需要语义加工的名词-动词联想任务中，正常阅读者和阅读障碍儿童在右侧小脑Ⅴ区、Ⅵ区以及Ⅶ区的激活也存在显著差异（Baillieux et al.，2009）。这些结果说明小脑不只通过影响运动/自动化技能影响阅读，也可以通过直接影响阅读相关能力（语音、语义等）来影响阅读。

以上，我们回顾了解释阅读障碍的一些主要理论，由于阅读障碍是一种多因素、异质性的障碍，可能同时具有多种表现型，因此，一种理论往往无法涵盖阅读障碍的所有病因，对阅读障碍的诊断和治疗需要结合多种理论，结合基因和环境的作用，全面考虑不同的致病因素。

部分参考文献

[1] Ahissar, M. (2007). Dyslexia and the anchoring-deficit hypothesis. *Trends Cogn Sci, 11*(11), 458-465.

[2] Baddeley, A. (2003). Working memory and language: an overview. *Journal of communication disorders, 36*(3), 189-208.

[3] Bar, M., Kassam, K. S., Ghuman, A. S., Boshyan, J., Schmid, A. M., Dale, A. M., Hämäläinen, M. S., Marinkovic, K., Schacter, D. L., Rosen, B. R., & Halgren, E. (2006). Top-down facilitation of visual recognition. *Proceedings of the National Academy of Sciences, 103*(2), 449-454.

[4] Bisley, J. W., Krishna, B. S., & Goldberg, M. E. (2004). A rapid and precise on-response in posterior parietal cortex. *Journal of Neuroscience : the Official Journal of the Society for Neuroscience, 24*(8), 1833-1838.

[5] Blau, V., Reithler, J., van Atteveldt, N., Seitz, J., Gerretsen, P., Goebel, R., & Blomert, L. (2010). Deviant processing of letters and speech sounds as proximate cause of reading failure: a functional magnetic resonance imaging study of dyslexic children. *Brain, 133*(Pt 3), 868-879.

[6] Blau, V., van Atteveldt, N., Ekkebus, M., Goebel, R., & Blomert, L. (2009). Reduced neural integration of letters and speech sounds links phonological and reading deficits in adult dyslexia. *Curr Biol, 19*(6), 503-508.

[7] Blomert, L. (2011). The neural signature of orthographic-phonological binding in successful and failing reading development. *Neuroimage, 57*(3), 695-703.

[8] Bullier J. (2001). Integrated model of visual processing. Brain research.

Brain research reviews, 36(2-3), 96-107.

[9] Cestnick, L., & Jerger, J. (2000). Auditory temporal processing and lexical/nonlexical reading in developmental dyslexics. *Journal of the American Academy of Audiology, 11*(9), 501-513.

[10] Danelli, L., Berlingeri, M., Bottini, G., Ferri, F., Vacchi, L., Sberna, M., & Paulesu, E. (2013). Neural intersections of the phonological, visual magnocellular and motor/cerebellar systems in normal readers: implications for imaging studies on dyslexia. *Hum Brain Mapp, 34*(10), 2669-2687.

[11] Farmer, M. E., & Klein, R. M. (1995). The evidence for a temporal processing deficit linked to dyslexia: A review. *Psychon Bull Rev, 2*(4), 460-493.

[12] Froyen, D., Atteveldt, N. V., Bonte, M., & Blomert, L. (2008). Cross-modal enhancement of the MMN to speech-sounds indicates early and automatic integration of letters and speech-sounds. *Neuroscience Letters, 430*(1), 23-28.

[13] Froyen, D., Willems, G., & Blomert, L. (2011). Evidence for a specific cross-modal association deficit in dyslexia: An electrophysiological study of letter-speech sound processing. *Developmental Science, 14*(4), 635-648.

[14] Goodale, M. A., & Milner, A. D. (1992). Separate visual pathways for perception and action. *Trends in neurosciences, 15*(1), 20-25.

[15] Gori, S., Cecchini, P., Bigoni, A., Molteni, M., & Facoetti, A. (2014). Magnocellular-dorsal pathway and sub-lexical route in developmental dyslexia. *Frontiers in Human Neuroscience, 8,* 460.

[16] Goswami U. (1993). Phonological skills and learning to read. *Annals of the New York Academy of Sciences, 682,* 296-311.

[17] Goswami, U. (2011). A temporal sampling framework for developmental dyslexia. *Trends Cogn Sci, 15*(1), 3-10.

[18] Hahn, N., Foxe, J. J., & Molholm, S. (2014). Impairments of multisensory integration and cross-sensory learning as pathways to dyslexia. *Neurosci Biobehav Rev, 47,* 384-392.

[19] Hämäläinen, J. A., Salminen, H. K., & Leppänen, P. H. (2013). Basic auditory processing deficits in dyslexia: systematic review of the behavioral and event-related potential/ field evidence. *J Learn Disabil, 46*(5), 413-427.

[20] Hoeft, F., Hernandez, A., McMillon, G., Taylor-Hill, H., Martindale, J. L., Meyler, A., Keller, T. A., Siok, W. T., Deutsch, G. K., Just, M. A., Whitfield-Gabrieli, S., & Gabrieli, J. D. (2006). Neural basis of dyslexia: a comparison between dyslexic and nondyslexic children equated for reading ability. *Journal of Neuroscience: the Official Journal of the Society for Neuroscience, 26*(42), 10700-10708.

[21] Kaplan, E. (2008). The P, M, and K stream of the primate visual system: What do they do for vision? In: The Senses: a comprehensive reference (R. Masland & T. Albright, Eds); Elsevier, I, 370-378.

[22] Landerl, K., Freudenthaler, H. H., Heene, M., Jong, P. F. D., Desrochers, A., Manolitsis, G., ... & Georgiou, G. K. (2019). Phonological awareness and rapid automatized naming as longitudinal predictors of reading in five alphabetic orthographies with varying degrees of consistency. *Scientific Studies of Reading, 23*(3), 220-234.

[23] Menghini, D., Hagberg, G. E., Caltagirone, C., Petrosini, L., & Vicari, S. (2006). Implicit learning deficits in dyslexic adults: an fMRI study. *Neuroimage, 33*(4), 1218-1226.

[24] Mittag, M., Takegata, R., & Kujala, T. (2011). The effects of visual material and temporal synchrony on the processing of letters and speech sounds. *Experimental Brain Research, 211*(2), 287-298.

[25] Nicolson, R. I., Fawcett, A. J., Berry, E. L., Jenkins, I. H., Dean, P., & Brooks, D. J. (1999). Association of abnormal cerebellar activation with motor learning difficulties in dyslexic adults. *Lancet, 353*(9165), 1662-1667.

[26] Nicolson, R. I., Fawcett, A. J., & Dean, P. (2001). Developmental dyslexia: the cerebellar deficit hypothesis. *Trends Neurosci, 24*(9), 508-511.

[27] Pennington, B. F., Van Orden, G. C., Smith, S. D., Green, P. A., & Haith,

M. M. (1990). Phonological processing skills and deficits in adult dyslexics. *Child development, 61*(6), 1753-1778.

[28] Perrachione, T. K., Del Tufo, S. N., Winter, R., Murtagh, J., Cyr, A., Chang, P., Halverson, K., Ghosh, S. S., Christodoulou, J. A., & Gabrieli, J. D. E. (2016). Dysfunction of Rapid Neural Adaptation in Dyslexia. *Neuron, 92*(6), 1383-1397.

[29] Ramus, F. (2003). Developmental dyslexia: specific phonological deficit or general sensorimotor dysfunction? *Curr Opin Neurobiol, 13*(2), 212-218.

[30] Stein J. (2001). The magnocellular theory of developmental dyslexia. *Dyslexia, 7*(1), 12-36.

[31] Stein J. (2014). Dyslexia: the Role of Vision and Visual Attention. *Current developmental disorders reports, 1*(4), 267-280.

[32] Tallal, P. (1980). Auditory temporal perception, phonics, and reading disabilities in children. *Brain Lang, 9*(2), 182-198.

[33] Vellutino, F. R., Fletcher, J. M., Snowling, M. J., & Scanlon, D. M. (2004). Specific reading disability (dyslexia): what have we learned in the past four decades? *Journal of Child Psychology and Psychiatry, 45*(1)，2-40.

第三章

视觉大细胞-背侧通路与阅读

第一节 视觉大细胞-背侧通路功能

一、视觉大细胞-背侧通路重要功能区

视觉通路起始于视网膜（retina）。视觉信息经由视网膜上的感官细胞（photoreceptor，包括视杆细胞和视锥细胞）将外界光刺激转换为内部神经信号，而后汇聚到神经节细胞（ganglion cells）。神经节细胞包括大细胞（magnocellular）和小细胞（parvocellular）两种主要类型。大细胞的细胞体较大，轴突直径较粗，树突分支相对较少，对于高时间频率、低空间频率、低对比度的信息具有敏感性；小细胞的细胞体较小，轴突直径较细，树突分支较为密集，对于低时间频率、高空间频率、高对比度的视觉信息具有敏感性。神经节细胞的轴突形成一束视神经，将视觉信息传递到中枢神经系统。其中，90%的视神经投射到丘脑的外侧膝状体（lateral geniculate nucleus，LGN），之后投射到初级视觉皮层 V1 区（图 3-1）。

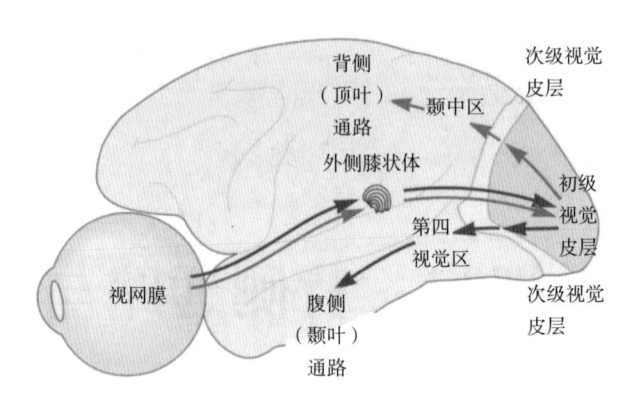

图 3-1 视觉传导通路（Gilbert，2013）

根据细胞类型的不同，研究者将外侧膝状体分为 6 层。大细胞分布在腹侧的第 1 层和第 2 层，小细胞分布在背侧第 3 层到第 6 层（图 3-2）。在大脑一侧外侧膝状体中，同侧眼睛视网膜的神经信号投射到第 2、第 3 和第 5 层，对侧眼睛视网膜的神经信号投射到第 1、第 4 和第 6 层（图 3-3）。例如，左侧大脑外侧膝状体的第 2、第 3 和第 5 层接收来自左眼颞侧半视网膜的神经信号，第 1、第 4 和第 6 层则接收来自右眼鼻侧半视网膜的神经

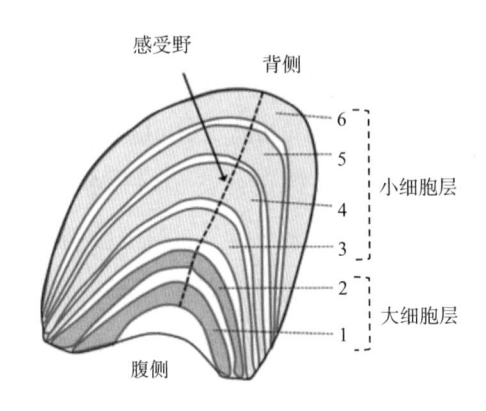

图 3-2 外侧膝状体结构示意图

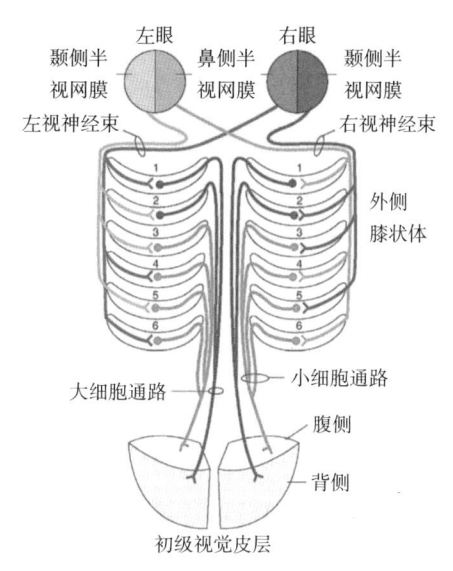

图 3-3　视网膜信号到外侧膝状体的投射示意图（Liu & Sanguino，2019）

信号。外侧膝状体的大细胞层接收来自视网膜大细胞的信息输入，小细胞层接收来自视网膜小细胞的信息输入，分别构成皮层下并行的大细胞通路（magnocellular pathway）和小细胞通路（parvocellular pathway）。与大小细胞的特性相一致，大细胞通路主要负责处理运动相关的信息，感知深度和亮度的细微差异，检测视野中物体的整体运动，其信息加工具有快速且短暂的特性；而小细胞通路主要负责加工中长波（即红色和绿色），感知颜色和形状等精细特征，其信息加工具有缓慢且持久的特性。外侧膝状体是视觉信息从视网膜传递到视觉皮层的中转站，将双眼不同种类细胞处理的空间频率、运动方位、颜色信息等分别传送到专门处理这些信息的皮层神经元，从而为之后高层次的视觉加工提供基础。

初级视觉皮层——V1 区，也称纹状区，位于大脑枕叶最后部，是外侧膝状体轴突的最初投射区域。V1 区的功能组织特性是它的神经元是视觉拓扑的，具有相似功能的神经元被排布在一起，形成柱状。一个柱中的神经元主要对特定类型的视觉刺激（例如方向或颜色）响应。因此，V1 区主要负责基本的视觉加工，进行边缘检测、方向选择等简单视觉特征的提取。围绕初级视觉皮层的枕叶区域有时被统称为纹外视觉区（extrastriate visual area），包括 V2 区、V3 区和 V4 区等。这些脑区在 V1 区之后进一步加工视觉信息，对于特定的视觉特征具有更高的选择性，例如 V2 区和 V3 区涉及形状、运动和深度的加工，V4 区涉及颜色的加工。同时，视觉区之间的投射存在广泛的汇聚和发散，且很多区域之间的连接是相互的，即会接受来自它们所投射区域的输入。这些皮质视觉区之间的功能协同作用，形成了一个复杂的神经网络，将不同维度的信息整合以形成可辨认的知觉对象，为我们提供了关于外界环境全面而深入的感知。

视觉信号经由 V1 区后会分别沿着背侧投射至视觉运动区（V5/MT 区）和后顶叶皮层，以及沿着腹侧传导至梭状回、外侧枕叶、颞下皮层等脑区。前者称为背侧通路，主要负责视觉运动信息加工、空间定位和眼动控制等，因此又被称为"where 通路"；后者称为腹侧通路，主要负责物体识别和颜色加工等，因此又被称为"what 通路"。视觉背侧通路主要接收来自皮层下大细胞通路的信息，而腹侧通路主要接收来自小细胞通路的信息，研究者认为背侧通路和腹侧通路是大细胞通路和小细胞通路的延伸，故倾向于把视觉大细胞 – 背侧通路和视觉小细胞 – 腹侧通路当作两条完整的通路来考虑。

MT 区是视觉大细胞 – 背侧通路皮层上的一个关键结构，因其位于短尾猿的颞叶中部（middle temporal lobe）而得名，它也被生理学家称为第五视觉区（V5 区）。MT 区与 V1、V2 和 V3 等视觉皮层区之间存在广泛的连接，使其成为顶叶视觉信号输入的主要来源。MT 区的神经元对特定类型的运动表现出选择性，例如对于特定方向上的运动刺激或者特定速度的运动刺激表现出更强的响应。因此，MT 区主要负责处理与运动相关的信息。

后顶叶皮层是一个多功能脑区，涉及感觉、运动和认知等多个方面。后顶叶皮层的神经元接收来自视觉系统的信息，能够编码物体的空间位置，使后顶叶皮层参与空间感知和定向。此外，后顶叶皮层参与调控注意力调控的过程，负责在复杂的视觉环境中选择注意的目标，并调整注意力的焦点，以适应不同的任务要求。

综合视觉大细胞-背侧通路上各关键结构的功能可知，该通路主要负责加工高时间频率、低空间频率、低对比度的刺激及运动信息，对于阅读过程中快速而平稳地移动视线、准确地定位和跟随文本具有关键作用。

二、视觉大细胞-背侧通路功能检测任务

已有研究基于视觉大细胞时间和空间频率的特性设计了快速视觉序列判断任务、光栅觉察任务和一致性运动探测任务等来检测视觉大细胞-背侧通路的功能。时间频率是指视觉刺激在单位时间内的周期性变化次数，通常以赫兹（Hz）为单位。空间频率是指在单位视角中所重复的相同几何结构的次数。视觉研究常采用光栅来考查空间频率特性。光栅越稀疏，单位视角内重复的黑白条纹次数越少，对应的空间频率越低，通常以周期/度（c/d）为单位。大细胞通路对低空间频率（低于 1 c/d）、高时间频率（31Hz 左右）的视觉信息敏感。

快速视觉序列判断任务采用快速呈现的视觉刺激（或刺激序列）来测查被试的时间分辨能力。在该任务中，简单的视觉刺激相继快速呈现。被试需要判断刺激出现的先后顺序。记录被试在各时间间隔下的判断正确率以反映其视觉大细胞-背侧通路对高时间频率刺激的感知和分辨能力。

采用光栅觉察（或朝向辨别）任务探测对比度敏感性是另一种常用的研究范式。在该任务中，研究者通过操控光栅的空间频率和时间频率来构造大细胞敏感的视觉光栅（图 3-4），而后变化光栅的对比度来测量被试的对比度敏感性阈限，即被试刚好能觉察到光栅（正确判断光栅朝向）时的对比度值。通过被试的光栅对比度敏感性阈限来反映其视觉大细胞-背侧通路的功能。

(a)大细胞光栅　　　　　　(b)小细胞光栅

图 3-4　光栅觉察任务光栅刺激示意图

一致性运动探测（coherent motion detection）任务也是研究视觉大细胞-背侧通路功能的常用范式。在该任务中，信号点（包含一致的运动方向信息）和噪音点（运动方向随机）构成一个点阵。在图 3-5 这个示例中，右边面板上运动点的移动方向都是随机的，左边面板上部分运动点朝随机方向移动（即噪音点），而部分运动点均朝左侧移动（即信号点）。因为每个运动点只在屏幕上停留很短的时间，所以观看者不能通过追踪屏幕上的一个或两个点来检测信号点的运动方向，而必须整合一定数量信号点的移动方向，才能产生全局运动的感觉。任务要求被试判断一致性运动信号点的运动方向，并通过调节信号点占所有运动点的比例测量被试的一致性运动探测阈限。一致性运动探测阈限越低表明被试视觉大细胞-背侧通路的功能越好。

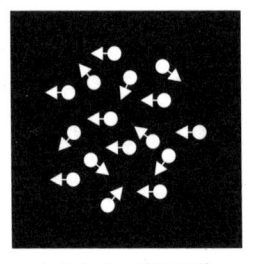

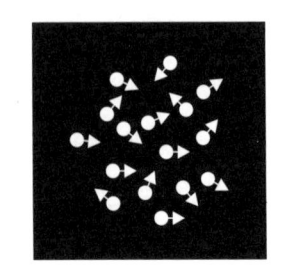

(a)包含一致性运动　　　　　　(b)随机运动

图 3-5　一致性运动探测任务运动点阵示意图

第二节　视觉大细胞 – 背侧通路功能与阅读相关的行为研究

一、拼音文字研究

在拼音文字中，一些行为研究已揭示了视觉大细胞 – 背侧通路在阅读过程中的重要作用，其功能与语音意识、正字法意识等阅读技能相关。Boets 等人（2006）采用改编的适用于幼儿的一致性运动探测任务测查了 62 名 5 岁左右学前儿童的一致性运动敏感性，并通过相关分析发现学前儿童的一致性运动敏感性与正字法加工技能相关，而与语音加工技能不相关。Talcott 等人（2000）同样采用一致性运动探测任务，在 32 名 10 岁左右的学龄儿童中发现，控制了智商和整体阅读能力后，儿童的一致性运动敏感性可以独立地解释正字法意识的方差变异。其后，Talcott 等人（2002）在更大的样本（350 名学龄儿童）中发现，一致性运动敏感性与儿童的单词阅读和拼写成绩、正字法意识以及语音技能均相关。Pammer 等人（2007）采用倍频错觉（frequency doubling illusion）测查了 44 名 8~12 岁儿童的视觉敏感度。倍频错觉由 Kelly（1966）提出，是指当一个 0.1~4 周期/度的正弦光栅和与其相位相反的光栅以高于 15Hz 的频率交替闪烁时，产生的错觉光栅是实际光栅空间频率的两倍的现象。研究者认为相比一致性运动探测任务，对倍频错觉光栅觉察的敏感性可以减少高水平认知过程对视觉敏感性任务的影响，是测量大细胞 – 背侧通路功能更好的行为指标。Pammer 等人（2007）要求儿童通过按键反映是否觉察到错觉光栅，对结果的分析发现以此测得的视觉敏感度与儿童的正字法意识和语音意识均相关，并且在控制了智商后可以独立解释儿童阅读能力 6% 的方差变异。Hood 等人（2004）的追踪研究发现，学龄前儿童的一致性运动敏感性是儿童读写能力发展的一个重要预测因子，能显著预测其一年级时的字母知识，即使在一般认知能力、注意力和初始的读写技能得到统计控制的情况下也是如此。此外，Chouake等人（2012）的训练研究证据显示，采用一致性运动探测任务训练正常成人的视觉大细胞-背侧通路功能可以显著提高他们对字母位置发生调换后的字母串的辨别速度和准确性，支持了大细胞-背侧通路功能和阅读能力之间的因果关系。

鉴于视觉大细胞-背侧通路多方面、多层次的功能，阅读能力的不同方面（如速度、准确性、语音和正字法）可能受到大细胞-背侧通路不同功能成分的调节。Kevan和Pammer（2008）采用倍频光栅觉察任务，根据光栅的位置分离了不同水平的视觉大细胞-背侧通路功能。当光栅位于中央注视点位置时，被试只需要调用低水平的大细胞功能（对低空间频率、低对比度的信息的敏感性）觉察光栅刺激；而当光栅出现在四个角落的外周视野时，被试还需要调用高水平的大细胞功能（空间注意转换）将注意转移到光栅出现的位置。研究者记录了光栅呈现在中央和外周位置时72名学龄儿童被试的视觉敏感性，分别代表低水平的大细胞功能和高水平的背侧通路功能。结果发现，低水平的大细胞功能和阅读准确性及正字法意识相关；而高水平的背侧通路功能还额外与阅读速度和非词阅读成绩相关。这项研究结果提示在视觉大细胞-背侧通路中，皮层下部分大细胞通路功能主要与正字法加工相关，而皮上背侧通路功能与更广泛的阅读能力相关。Main等人（2014）采用速度辨别（speed discrimination）和对比度探测（contrast detection）两项任务测量了儿童与成人的大细胞-背侧通路功能，并分析二者的阈限与阅读速度的关系。结果发现，速度辨别的阈值与儿童和成人的阅读速度均呈显著正相关，也就是大细胞-背侧通路的运动敏感性与阅读速度相关；然而对比度探测的阈值与阅读速度相关不显著。这个结果表明，大细胞-背侧通路的不同功能与阅读速度的关系不同。

此外，一些研究还揭示了阅读经验/年龄可能影响视觉大细胞-背侧通路和阅读能力之间的关系。Englund和Palomares（2012）在正常发展儿童（平均年龄9.06岁）中采用一致性运动探测任务探究了视觉背侧通路功能和阅读能力的关系。结果发现，当控制了非言语智力后，视觉背侧通路功能与阅读速度相关；然而，当进一步控制年龄后，视觉背侧通路功能与阅读速度的相关不再显著，表明二者的相关性受年龄的影响。Bellocchi 和 Leclercq（2021）通过对一年级和五年级正常发展儿童的对比，进一步证明了视觉大细胞 – 背侧通路功能和阅读的关系受阅读经验的调节。研究者用一致性运动点任务探测视觉大细胞 – 背侧通路的功能，发现在一年级儿童中，在一致性运动点任务中表现较好的儿童，文本阅读流畅性和假字阅读成绩也较好；而在五年级儿童中，一致性运动点任务表现与阅读成绩无关，表明大细胞 – 背侧通路功能和阅读的相关程度可能随着阅读经验的增长而减弱。与这一推论相一致，Edwards 和 Schatschneider（2020）在阅读经验丰富的 83 名大学生被试中，采用时间间隔探测（temporal gap detection）任务和一致性运动探测任务测查视觉大细胞系统时间分析和运动探测两方面的功能，结果未发现大细胞 – 背侧通路功能与阅读速度和字母快速命名之间显著的相关性。但研究者认为之所以没有探查到视觉大细胞 – 背侧通路功能与阅读的关系，可能是因为两个实验任务并不能完全测查复杂的视觉大细胞 – 背侧通路系统功能，未来研究应该使用更广泛的任务以及更准确的任务参数设置来探究这一关系。

二、汉语阅读研究

与拼音文字不同，汉字由笔画和部件组成，有更强的视觉复杂性，且汉字是表意文字，没有明确的形 – 音对应规则（即 GPC 规则）。那么，在汉语阅读中，视觉大细胞 – 背侧通路功能与阅读又有着怎样的关系？二者的关系随着年龄的增长是否存在发展变化？

有研究在汉语儿童中发现，与拼音文字的研究结果类似，视觉大细胞 – 背侧通路功能与语音和正字法加工技能相关。Chung 等人（2008）在我国香港地区招募了 78 名母语为粤语的小学儿童，采用快速视觉序列判断任务探测儿童的视觉大细胞－背侧通路功能。该任务的刺激材料为"×"和"○"，呈现的先后顺序可能为"×○""○×""××"和"○○"这四种组合中的一种，两个刺激呈现的时间间隔为8ms、15ms、30ms、60ms、150ms或305ms。任务要求儿童根据刺激呈现的顺序按键盘上两个刺激材料对应的按键。各时间间隔下的正确率被记录用以衡量儿童的视觉大细胞－背侧通路功能。研究同时测查了儿童的识字量、语音意识和数字快速命名能力。相关分析结果发现儿童快速视觉序列判断任务的正确率和识字量、语音意识及数字快速命名能力相关。该结果表明视觉大细胞通路的高时间分辨特性可能与汉字语音加工和阅读速度有关。Meng等人（2011）招募了54名母语为普通话的小学儿童，采用一致性运动探测任务测查其视觉大细胞－背侧通路功能。任务要求儿童判断左右哪个面板上有一致向左或向右移动的信号点，通过调整信号点的比例测得儿童的一致性运动探测阈限。对一致性运动探测阈限和儿童的阅读相关技能进行的相关分析结果显示，视觉大细胞－背侧通路功能和汉字阅读速度、语音意识、正字法意识及数字快速命名能力显著相关。

然而，快速视觉序列判断任务和一致性运动探测任务被认为主要诱发的是视觉大细胞－背侧通路上的皮层活动，如MT区和后顶叶皮层。而皮层上的活动可能容易受到来自小细胞－腹侧通路视觉信号输入的影响。相比之下，专注于皮层下功能的测量可以更好地将视觉大细胞－背侧通路与其他视觉通路分开。采用更简单的视觉刺激，如低空间频率的正弦光栅，可以主要诱发大细胞－背侧通路皮层下的活动，从而更好地避免其他视觉通路信号的影响。因此，Zhao等人（2017）采用光栅朝向辨别任务，在汉语儿童和成人中考查其视觉大细胞－背侧通路功能与阅读的关系，以及阅读经验/年龄对二者关系的影响。

研究方法

1. 被试

选取小学三至五年级儿童 37 名和大学生成人 51 名,被试母语均为汉语普通话,所有被试的视力或矫正视力均达到正常水平。被试信息和阅读相关技能成绩见表 3-1。

表 3-1 被试信息和阅读相关技能成绩($M \pm SD$)

变量	儿童	成人	T 值 / χ^2 值
年龄(岁)	9.91 ± 0.85	22.71 ± 2.57	33.02***
人数(男/女)	15/22	23/28	0.18
正字法意识	66.47 ± 4.67	72.90 ± 4.19	6.72***
语音意识	19.19 ± 3.40	25.41 ± 2.98	9.03***

*** $p < 0.001$

2. 汉语阅读技能测试

汉语阅读技能测试包括正字法意识测试和语音意识测试。正字法意识测试为真、假、非字判断任务,被试判断目标字是否为真实存在的汉字,对假、非字均作"否"反应,对真字作"是"反应。其中真字 40 个,假字和非字各 20 个。刺激材料逐一在计算机屏幕中央随机呈现。每个刺激呈现之前屏幕中央出现 500ms 的"+"注视点,随后刺激出现,直到被试按键后消失(最长呈现时间为 3000ms)并进入下一轮反应。记录反应时和正确数。本测试答对一题计一分,满分为 80 分。

在语音意识测试中,被试的任务是判断相继听觉呈现的三个字音中,哪一个字音在声调、声母或韵母的某一维度上和其他两个字音不同,并将对应的字音序号写在答题纸上。例如,被试会依次听到 /mei3/、/bao4/、/lei2/,其中第二个音节的韵母为 /ao/,其余两个都为 /ei/,故本题的正确答案为"2"。一共 30 题,答对一题计一分,满分为 30 分。

3. 视觉大细胞 – 背侧通路功能测试

采用光栅朝向判断任务探测视觉大细胞 – 背侧通路的功能。刺激材料为大细胞敏感的空间频率为 0.5c/d 的垂直或水平光栅。在每个试次中，屏幕中央首先会呈现一个注视点 1500ms，然后呈现一个目标光栅 500ms。被试需要用双手分别按下不同的按键来判断目标光栅的朝向，"z"键对应垂直光栅，"n"键对应水平光栅。被试作出反应后（设置的最长反应时间为 3000ms）随机间隔 1000~1500ms 后进入下一个试次（图 3-6）。

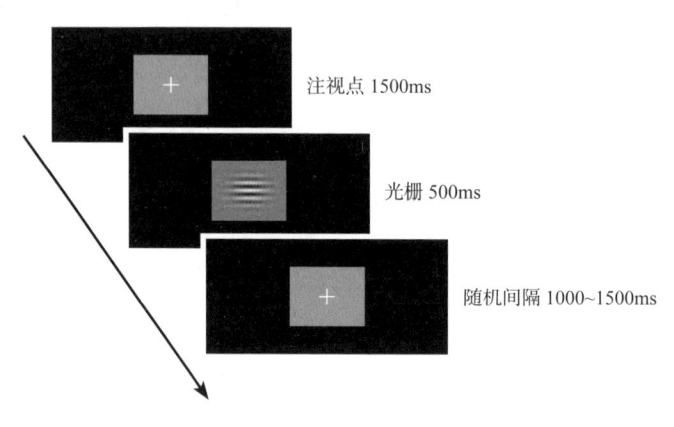

图 3-6 光栅朝向判断任务流程图

数据分析

实验采用阶梯法测量被试对垂直光栅的对比度敏感性，即被试在各视觉条件下刚好能正确知觉垂直光栅时的对比度值。被试连续两次对垂直光栅进行正确判断，则其对比度降低，答错一次则对比度增高，阶梯转折 10 次停止。此过程中，水平光栅是填充刺激以平衡按键，其对比度数值与当前垂直光栅保持一致。取最后 6 次阶梯转折点对应的对比度的平均数作为阈限估计值。

实验结果

实验测得的儿童对比度阈限的均值（标准差）为 0.020（0.012），成人的对比度阈限的均值（标准差）为 0.008（0.003）。对比度敏感性与阅读相关技能的相关分析显示儿童的视觉大细胞 – 背侧通路功能与语音意识相关（$r = -0.47$，$p < 0.01$），但与正字法意识不相关（$r = 0.25$，$p = 0.14$）；而成人的视觉大细胞 – 背侧通路功能与正字法意识相关（$r = -0.28$，$p = 0.05$），但与语音意识不相关（$r = 0.04$，$p = 0.78$）（图 3-7）。

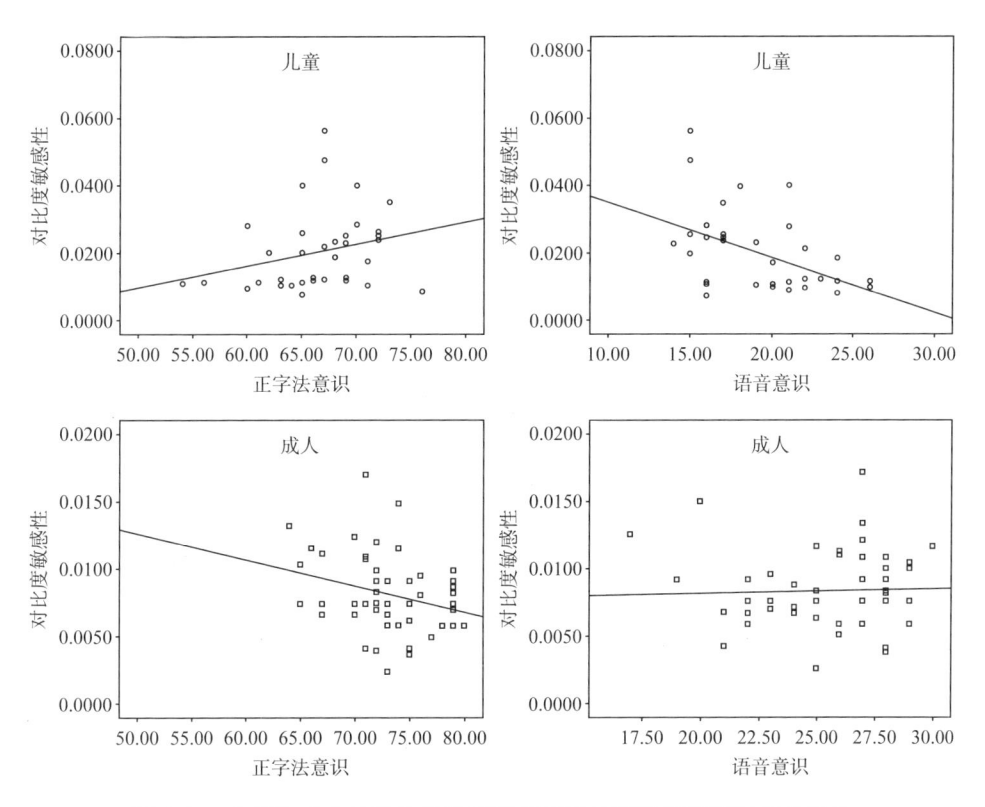

图 3-7 儿童和成人的对比度敏感性与正字法意识和语音意识的相关

讨论

　　这项研究结果显示，在汉语背景下，视觉大细胞－背侧通路功能与语音意识的相关性随着阅读能力的提高而消失，而与正字法意识的相关性随着阅读能力的提高而提升。汉语中视觉大细胞－背侧通路功能与语音意识相关性的发展模式与拼音文字研究结果不同。拼音文字研究发现阅读和语音意识的相关性在不同年龄群体中均存在，体现了语言文字加工的特异性。这可能是因为在拼音文字中，随着阅读能力的发展，阅读者会由依赖符号加工转向依赖语音技能。而在汉语阅读学习中，小学生首先通过拼音来学习汉字，随着阅读经验的增加，汉字字形和语义之间的直接联结增强，拼音在阅读过程中的应用减少，故语音加工的作用减弱。

　　汉语中视觉大细胞－背侧通路功能与正字法意识的相关性在儿童中缺失，而在成人中显著。这种模式与拼音文字研究中的发现相反。在拼音文字中，随着阅读能力的发展，字素－音素对应规则的习得会降低正字法技能在阅读中的作用。而汉字有着比拼音文字更复杂的视觉结构，且缺乏字形与字音的对应关系，故正字法加工在汉语阅读发展中起着更重要而持久的作用。

　　这项研究在汉语中揭示了视觉大细胞－背侧通路功能与阅读的关系，并且发现了视觉大细胞－背侧通路在阅读发展的不同阶段支持不同的阅读相关技能，有助于明确大细胞－背侧通路在中文阅读中的作用，为发展性阅读障碍的视觉大细胞－背侧通路缺陷理论提供进一步的证据。

　　上述研究揭示了汉语中成人视觉大细胞－背侧通路功能与正字法意识的相关性。那么大细胞－背侧通路是如何作用于正字法加工的呢？为此，赵婧等人（2013）进一步探查了视觉大细胞系统在汉字识别中的作用。

研究方法

1. 被试

研究招募了 25 名大学生成人被试，其中包括 12 名男生和 13 名女生。被试年龄为 19~25 岁，视力或矫正视力正常。

2. 实验程序

实验为 2（视觉条件：大细胞条件 vs. 正常视觉条件）× 2（任务类型：整体判断 vs. 部件判断）的两因素被试内设计。在大细胞条件下，目标字的空间频率为 1.5c/d；在正常视觉条件下，目标字的空间频率未被调节。根据两种视觉条件，将正式实验分成两组（图 3-8）。在每组中，整体判断和部件判断等概率地随机呈现。实验采用 4 点提示注视以避免中央视野的视觉后效对知觉目标刺激产生影响。在一个试次中，注视点呈现 500ms，目标刺激在大细胞条件呈现 66ms，在正常视觉条件下呈现 500ms，提示信息呈现 1000ms，然后探测刺激出现。在整体判断时，提示信息是与整字同样大小的正方形横竖光栅；在部件判断时，提示信息是长方形横竖光栅，大小为整体判断时的 1/2，其呈现位置（左侧或右侧）与随后出现的部件探测刺激的位置相对应。被试的任务是判断目标刺激的整体或者相应部件与探测刺激是否相同。被试反应之后给予其判断正误的声音反馈。

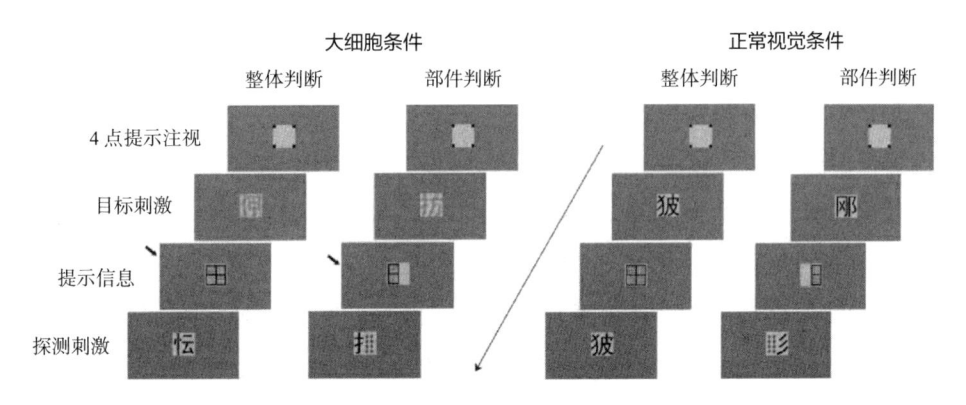

图 3-8 整体 / 部件字形判断任务流程图

实验结果

实验结果表明，在大细胞条件下，被试对整体的判断要显著快于对部件的判断；而在正常视觉条件下，整体和部件判断的反应时无显著差异。同时，在大细胞条件下，被试进行整体判断的错误率显著低于部件判断；在正常视觉条件下两者差异不显著（表 3-2）。表明视觉大细胞通路促进了汉字整体信息的加工。

表 3-2 整体/部件字形判断任务反应时和错误率（$M \pm SD$）

测试	大细胞条件		正常视觉条件	
	反应时（ms）	错误率（%）	反应时（ms）	错误率（%）
整体判断	866 ± 244	17 ± 14	939 ± 126	3 ± 5
部件判断	981 ± 329	28 ± 16	937 ± 165	6 ± 5

讨论

这项研究结果表明，在大细胞条件下，与部件判断相比，被试进行整体判断的反应时更短、错误率更低；而在正常视觉条件下，整体和部件判断在反应时和错误率上均无显著差异。在严格控制了汉字材料的空间频率和时间频率的前提下，这项研究发现了视觉大细胞条件下的整体优先效应，说明大细胞系统在一定条件下影响汉字识别，对视觉整体信息的加工有促进作用。

词汇加工包括整词和局部（字母）两个水平的信息加工，整词视觉信息主要由视觉大细胞通路负责传导，局部视觉信息主要由小细胞通路负责传导，并且两条通路间的信息传导存在相互竞争的作用关系。同时，每条通路会采集各自敏感的空间频率信息，并以不同的加工速率对词汇的视觉字形进行编码和分析。大细胞通路能快速地采集和加工低空间频率的视觉信息，小细胞通路则以相对较慢的速度完成对词汇高空间频率信息的采集和处理。大细胞系统与字词识别过程有关,经由大细胞通路传导的整词信息能促进字词的整体识别。同时,由于小细胞通路传导视觉信息的滞后,字词部件等局部信息的加工相比于整体信息而言将被延后。这项研究结果表明,在正常视觉条件下,整体和局部信息加工的差异并不显著,但当视觉刺激是快速闪现的低空间频率汉字时,目标刺激的视觉物理属性对应着大细胞通路活动的敏感范围,在这种视觉条件下大细胞通路被显著激活。通过大细胞通路的快速传导,汉字的初级整体视像很快便形成,进而促进了汉字整体信息的加工,表现出整体优先效应。因此,视觉大细胞 – 背侧通路可能通过影响汉字的整体加工而影响阅读。

第三节 视觉大细胞 – 背侧通路功能与阅读相关的神经研究

一、拼音文字研究

一些研究采用更直接反映视觉大细胞 – 背侧通路功能的神经指标探查其与阅读的关系。Kinseya 等人(2006)采用脑电技术,在成人被试中对光栅刺激的视觉诱发电位(visual evoked potential,VEP)数据进行了频率分析,发现反映视觉大细胞 – 背侧通路功能的二次谐波(second harmonic)功率与正字法加工能力显著相关。在正常儿童和成人中开展的脑成像研究也支持大细胞 – 背侧通路功能与阅读及阅读相关技能之间的关系。Ben-Shachar 等人(2007)采用 fMRI 技术记录正常儿童在执行移动光栅的速度区分任务时视觉大细胞 – 背侧通路上 MT 区的活动,结果发现 MT 区更强的激活与儿童更好的语音意识相关。Olulade 等人(2013)采用运动方向探测任务考查大细胞 – 背侧通路上 V5/MT 区的激活。研究被试为 30 名年龄跨度较大（7.3~31.5 岁）的正常儿童和成人。结果发现 V5/MT 区的激活强度与真词和假词阅读呈显著相关，V5/MT 区激活越强，阅读得分越高。Danelli 等人（2012）对正常成人被试的研究发现，加工一致性运动点所激活的脑区和假词阅读所激活的脑区存在重叠（后枕颞区），提示了大细胞－背侧通路功能与阅读相关可能的脑基础。这些研究从脑激活的角度一致证明了视觉大细胞－背侧通路功能和阅读能力之间的关系。Rauschecker 等人（2011）采用经颅磁刺激（transcranial magnetic stimulation，TMS）技术，发现对背侧通路的 V5/MT+ 区施加刺激会干扰语音加工和单词阅读的速度和准确性，表明视觉大细胞－背侧通路在阅读中确实发挥了功能性作用。

二、汉语阅读研究

一些研究已揭示了负责汉语阅读的脑区与负责拼音文字阅读的脑区有所不同，例如左半球背侧额叶区（Brodmann Area 9）和左半球背侧顶下小叶对汉语语音加工以及后顶叶区对汉字字形的视觉空间分析尤为重要，体现了汉字加工的特异性。那么，在神经层面，视觉大细胞－背侧通路功能与汉语阅读又存在怎样的关系呢？

Qian 等人（2015）采用功能磁共振技术，分别探究了任务态下视觉大细胞－背侧通路功能与汉语语音和正字法加工的关系。

研究方法

1. 被试

研究招募了 20 名大学生成人被试，包括 11 名女生和 9 名男生，年龄范围为 20~24 岁。被试的母语均为汉语普通话，视力或矫正视力正常，既往无神经损伤、精神障碍或阅读障碍史。

2. fMRI 实验设计

研究采用一致性运动探测任务测查视觉大细胞－背侧通路的活动。实验采用 block 设计，包含 2 个任务 block 和 2 个基线 block，每个 block 包含 20 个试次。在任务试次中，被试会看到一个包含 300 个运动点的点阵，其中 40% 的运动点为信号点，一致向左或向右运动；其余 60% 的运动点为噪音点，随机运动（图 3-9）。被试需要判断信号点的运动方向是向左还是向右。在基线试次中，被试只需被动观看一个包含 300 个静止点的点阵。

图 3-9　一致性运动探测任务示意图

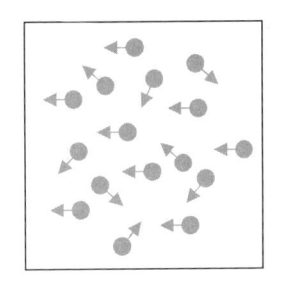

实验结果

数据分析显示，被试双侧颞中视觉运动区（bilateral middle temporal visual motion areas，MT+）和右侧后顶叶皮层（posterior parietal cortex，PPC）显著激活（图 3-10）。相关分析结果显示，左侧 MT+ 区的激活强度与阅读流畅性、阅读准确性和快速命名能力相关；右侧后顶叶皮层的激活强度与正字法意识和快速命名能力相关。

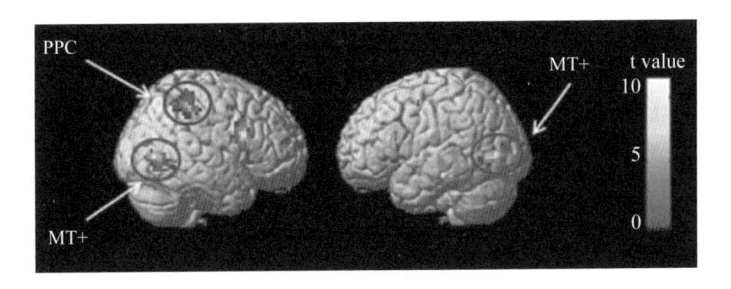

图 3-10　一致性运动探测任务显著激活的脑区

讨论

关于视觉大细胞 – 背侧通路上 MT+ 区和后顶叶皮层在阅读中的作用，

研究者提出 MT+ 区调节快速反馈以构建刺激的全局图像，后顶叶皮层调节腹侧 / 颞下脑区的注意加工。因此，视觉大细胞 – 背侧通路可能与流畅阅读所需的快速反馈和注意调节有关。这项研究发现右侧后顶叶皮层的激活与正字法意识相关，与语音意识无关，这可能是因为右侧后顶叶皮层涉及从整体到局部的注意力转换，而在汉字识别中，正字法意识较差的个体需要不断地在整个汉字、偏旁部首甚至笔画之间切换注意力，这就需要右侧后顶叶皮层更强的激活。

在这项任务态 fMRI 研究的基础上，Qian 等人（2016）进一步采用静息态 fMRI 研究探查视觉大细胞 – 背侧通路与任务无关的自发活动，以及其与阅读关键脑区之间的相互作用与阅读能力的关系。

研究方法

1. 被试

研究招募了 20 名大学生成人被试，包括 11 名女生和 9 名男生，年龄范围为 20~24 岁。被试的母语均为汉语普通话，视力或矫正视力正常，既往无神经损伤、精神障碍或阅读障碍史。

2. 静息态 fMRI 数据采集

静息态扫描时长为 8 分钟。在扫描过程中，被试需要睁眼并保持放松状态。

实验结果

静息态 fMRI 数据分析结果显示，成人右侧 PPC 的低频振幅（ALFF）值与正字法意识和快速命名成绩显著相关，左侧 MT+ 区的 ALFF 值与快速命名成绩显著相关（图 3-11）。

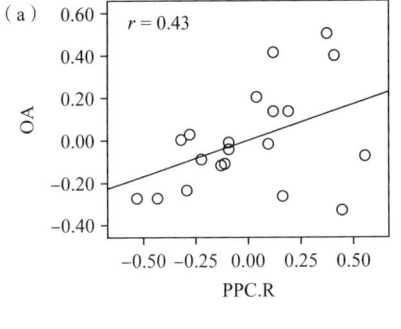

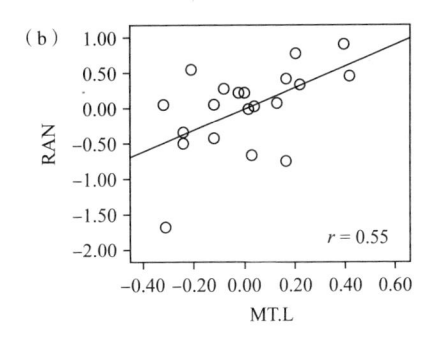

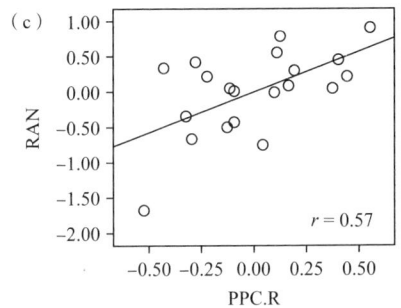

注：(a) 右侧后顶叶皮层 ALFF 值与正字法意识的相关；
(b) 左侧 MT+ 区的 ALFF 值与快速命名的相关；
(c) 右侧后顶叶皮层 ALFF 值与快速命名的相关。

图 3-11 静息态 fMRI 实验结果

静息态功能连接分析的结果显示，右侧后顶叶皮层与左侧枕中回的静息态功能连接强度和正字法意识相关，左侧 MT+ 区与阅读相关脑区（如左侧梭状回、双侧枕中回）的静息态功能连接强度和快速命名能力相关。

讨论

与任务态研究发现的右侧后顶叶皮层和左侧 MT+ 区的激活和快速命名能力相关的结果相一致，这项静息态研究发现右侧后顶叶皮层和左侧 MT+ 区的 ALFF 值，以及左侧 MT+ 区与阅读相关脑区（如左侧梭状回、双侧枕中回）的静息态功能连接强度也与快速命名能力相关，提示即使在静息状态下，视觉大细胞-背侧通路的皮层上脑区的自发活动也与快速命名表现相关。快速命名涉及对单个符号的快速顺序处理，并需要对许多较低层次和较高层次的视觉和语言过程进行快速整合。研究者指出，MT+ 区可能参与建立刺激的初始全局图像,并迅速触发对突出外源刺激的注意。同时,后顶叶皮层可能调节注意加工。因此,背侧通路与阅读相关脑区之间的强功能连接可能通过注意调制来保证对字形的快速视觉加工。

任务态 fMRI 研究发现右侧后顶叶皮层的激活与正字法意识相关。静息态 fMRI 研究同样发现了右侧后顶叶皮层的 ALFF 值以及其与左侧枕中回的静息态功能连接强度与正字法意识的相关,可见视觉大细胞－背侧通路上后顶叶皮层的功能与汉语正字法加工有着稳定的关联。由于汉字的视觉复杂性,汉字正字法加工可能需要更多的视觉空间分析和注意的参与,这是后顶叶皮层的功能。这项静息态 fMRI 研究的结果进一步提示右侧后顶叶皮层的自发脑活动强度越大,则汉语正字法加工能力越强。

在正常群体中开展的行为与神经研究均表明视觉大细胞－背侧通路功能与阅读紧密相关。在拼音文字中,视觉大细胞－背侧通路功能与语音意识、正字法意识等阅读技能相关,在神经上反映为 V5/MT 区激活越强则阅读能力越强,这种相关性受到阅读经验/年龄因素的调节。在汉语中,视觉大细胞－背侧通路功能与语音意识和正字法意识的相关表现出不同的发展模式,其神经基础为双侧 MT+ 区和右侧后顶叶皮层的激活及它们与阅读相关脑区的功能连接。视觉大细胞－背侧通路功能与阅读的相关性奠定了发展性阅读障碍的视觉大细胞－背侧通路缺陷的基础。

部分参考文献

［1］ 赵婧, 毕鸿燕, 钱怡. (2013). 视觉大细胞通路对汉字识别的影响. *生物化学与生物物理进展, 40*(2), 141-146.

［2］ Akutsu, H., Legge, G. E., Ross, J. A., & Schuebel, K. J. (1991). Psychophysics of reading--X. Effects of age-related changes in vision. *J Gerontol, 46*(6), 325-331.

［3］ Allen, P. A., Smith, A. F., Lien, M.-C., Kaut, K. P., & Canfield, A. (2009). A multistream model of visual word recognition. *Attention, Perception & Psychophysics, 71*, 281-296.

［4］ Bar, M., Kassam, K. S., Ghuman, A. S., Boshyan, J., Schmid, A. M., Dale, A. M., ... & Halgren, E. (2006). Top-down facilitation of visual recognition. *Proc Natl Acad Sci, 103*(2), 449-454.

［5］ Bellocchi, S., & Leclercq, V. (2021). Exploring the Moderation Effect of Educational Stage on Visual Magnocellular Functioning Linked to Reading: A Study in French Primary School Children. *Children, 8*(2).

［6］ Ben-Shachar, M., Dougherty, R. F., Deutsch, G. K., & Wandell, B. A. (2007). Contrast responsivity in MT+ correlates with phonological awareness and reading measures in children. *Neuroimage, 37*(4), 1396-1406.

［7］ Bisley, J. W., Krishna, B. S., & Goldberg, M. E. (2004). A rapid and precise on-response in posterior parietal cortex. *J Neurosci, 24*(8), 1833-1838.

［8］ Boden, C., & Giaschi, D. (2007). M-stream deficits and reading-related visual processes in developmental dyslexia. *Psychol Bull, 133*(2), 346-366.

［9］ Boden, C., & Giaschi, D. (2009). The role of low-spatial frequencies in lexical decision and masked priming. *Brain Cogn, 69*(3), 580-591.

[10] Boets, B., Vandermosten, M., Cornelissen, P., Wouters, J., & Ghesquiere, P. (2011). Coherent motion sensitivity and reading development in the transition from prereading to reading stage. *Child Dev, 82*(3), 854-869.

[11] Boets, B., Wouters, J., van Wieringen, A., & Ghesquiere, P. (2006). Coherent motion detection in preschool children at family risk for dyslexia. *Vision Res, 46*(4), 527-535.

[12] Boets, B., Wouters, J., van Wieringen, A., De Smedt, B., & Ghesquiere, P. (2008). Modelling relations between sensory processing, speech perception, orthographic and phonological ability, and literacy achievement. *Brain Lang, 106*(1), 29-40.

[13] Bowers, P. G., & Wolf, M. (1993). Theoretical links among naming speed, precise timing mechanisms and orthographic skill in dyslexia. *Reading and Writing, 5*(1), 69-85.

[14] Braddick, O. (1995). Visual perception. Seeing motion signals in noise. *Curr Biol, 5*(1), 7-9.

[15] Braet, W., & Humphreys, G. W. (2006). Case mixing and the right parietal cortex: evidence from rTMS. *Exp Brain Res, 168*(1-2), 265-271.

[16] Breitmeyer, B. G. (1980). Unmasking visual masking: a look at the "why" behind the veil of the "how". *Psychological Review, 87*(1), 52-69.

[17] Breitmeyer, B. G., & Ogmen, H. (2000). Recent models and findings in visual backward masking: a comparison, review, and update. *Percept Psychophys, 62*(8), 1572-1595.

[18] Bullier, J. (2001). Integrated model of visual processing. *Brain Research Reviews, 36*(2-3), 96-107.

[19] Chase, C. H. (1996). A visual deficit model of developmental dyslexia. *Developmental dyslexia: Neural, cognitive, and genetic Mechanisms*, 127-156.

[20] Chase, C., Ashourzadeh, A., Kelly, C., Monfette, S., & Kinsey, K. (2003).

Can the magnocellular pathway read? Evidence from studies of color. *Vision Res, 43*(10), 1211-1222.

[21] Cheng, A., Eysel, U. T., & Vidyasagar, T. R. (2004). The role of the magnocellular pathway in serial deployment of visual attention. *Eur J Neurosci, 20*(8), 2188-2192.

[22] Chouake, T., Levy, T., Javitt, D. C., & Lavidor, M. (2012). Magnocellular training improves visual word recognition. *Front Hum Neurosci, 6*, 14.

[23] Chung, K. K., McBride-Chang, C., Wong, S. W., Cheung, H., Penney, T. B., & Ho, C. S. (2008). The role of visual and auditory temporal processing for Chinese children with developmental dyslexia. *Ann Dyslexia, 58*(1), 15-35.

[24] Corbetta, M., Shulman, G. L., Miezin, F. M., & Petersen, S. E. (1995). Superior parietal cortex activation during spatial attention shifts and visual feature conjunction. *Science, 270*(5237), 802-805.

[25] Cornelissen, P. L., Hansen, P. C., Hutton, J. L., Evangelinou, V., & Stein, J. F. (1998). Magnocellular visual function and children's single word reading. *Vision Res, 38*(3), 471-482.

[26] Coull, J. T., & Nobre, A. C. (1998). Where and when to pay attention: the neural systems for directing attention to spatial locations and to time intervals as revealed by both PET and fMRI. *Journal of Neuroscience, 18*(18), 7426-7435.

[27] Culham, J. C., Brandt, S. A., Cavanagh, P., Kanwisher, N. G., Dale, A. M., & Tootell, R. B. (1998). Cortical fMRI activation produced by attentive tracking of moving targets. *J Neurophysiol, 80*(5), 2657-2670.

[28] Driver, J., & Baylis, G. C. (1995). Tilted letters and tilted words: a possible role for principal axes in visual word recognition. *Mem Cognit, 23*(5), 560-568.

[29] Edwards, A. A., & Schatschneider, C. (2020). Magnocellular Pathway and Reading Rate: An Equivalence Test Analysis. *Scientific Studies of Reading, 24*(3), 264-273.

[30] Englund, J. A., & Palomares, M. (2012). The relationship of global form and motion detection to reading fluency. *Vision Res, 67*, 14-21.

[31] Facoetti, A., Corradi, N., Ruffino, M., Gori, S., & Zorzi, M. (2010). Visual spatial attention and speech segmentation are both impaired in preschoolers at familial risk for developmental dyslexia. *Dyslexia, 16*(3), 226-239.

[32] Facoetti, A., Trussardi, A. N., Ruffino, M., Lorusso, M. L., Cattaneo, C., Galli, R., ... & Zorzi, M. (2010). Multisensory spatial attention deficits are predictive of phonological decoding skills in developmental dyslexia. *J Cogn Neurosci, 22*(5), 1011-1025.

[33] Fischer, B., & Hartnegg, K. (2000). Stability of gaze control in dyslexia. *Strabismus, 8*(2), 119-122.

[34] Gilbert, C. D. (2013). The constructive nature of visual processing. In Kandel, E. R., J. H. Schwartz, T. M. Jessell, S. A. Siegelbaum, and A. J. Hudspeth (eds.), *Principles of neural science (5th edn.)*. New York, NY: McGraw-Hill Companies, pp. 556-576.

[35] Goodale, M. A., & Milner, A. D. (1992). Separate visual pathways for perception and action. *Trends Neurosci, 15*(1), 20-25.

[36] Grainger, J., Lete, B., Bertand, D., Dufau, S., & Ziegler, J. C. (2012). Evidence for multiple routes in learning to read. *Cognition, 123*(2), 280-292.

[37] Ho, C. S., Chan, D. W., Lee, S. H., Tsang, S. M., & Luan, V. H. (2004). Cognitive profiling and preliminary subtyping in Chinese developmental dyslexia. *Cognition, 91*(1), 43-75.

[38] Hood, M., & Conlon, E. (2004). Visual and auditory temporal processing and early reading development. *Dyslexia, 10*(3), 234-252.

[39] Hopf, J. M., Luck, S. J., Girelli, M., Hagner, T., Mangun, G. R., Scheich, H., & Heinze, H. J. (2000). Neural sources of focused attention in visual search. *Cereb Cortex, 10*(12), 1233-1241.

第四章

阅读障碍的视觉大细胞 – 背侧通路缺陷

上一章，我们讲到阅读需要视觉大细胞 – 背侧通路的广泛参与。基于此，Stein 及其同事提出了发展性阅读障碍的视觉大细胞 – 背侧通路缺陷理论，该理论认为发展性阅读障碍者的核心问题在于视觉大细胞 – 背侧通路的加工缺陷（Stein & Walsh, 1997; Stein, 2001, 2003）。本章节我们将论述与阅读障碍者的视觉大细胞 – 背侧通路缺陷有关的行为和神经研究。

第一节 视觉大细胞 – 背侧通路的结构异常

阅读障碍的视觉大细胞 – 背侧通路缺陷理论最直接的证据来自解剖学。早在 1991 年，有医生解剖了阅读障碍者去世后的大脑，发现阅读障碍者负责视觉信息传导的外侧膝状体的大细胞层排列混乱，并且这些大细胞的体积比正常阅读者至少小 20%（Livingstone et al., 1991; Galaburda &

Livingstone，1993）。随着技术的革新，Giraldo-Chica 等人（2015）利用高分辨率的质子密度加权磁共振（high-resolution proton-density weighted MRI）扫描，精确地测量了 13 名阅读障碍成人和 13 名正常对照组的外侧膝状体的解剖边界。结果发现，阅读障碍成人左侧外侧膝状体的体积显著小于正常对照组，并且形状也不同于对照组，而右侧外侧膝状体的体积与正常对照组无显著差异。说明阅读障碍者的外侧膝状体存在结构上的异常，且这种异常表现出两侧半球的不对称性。Müller-Axt 等人（2017）通过超高分辨率的结构磁共振成像（ultra-high-resolution structural MRI）、弥散磁共振成像（diffusion MRI）以及概率纤维追踪图（probabilistic tractography）考查了阅读障碍者视觉通路的结构连接。他们发现，与正常对照组相比，阅读障碍成人左侧外侧膝状体与左侧 MT 区之间的结构连接减少，表明阅读障碍者的感觉丘脑与皮层之间的连接存在特定的结构连接改变。Hoeft 等人（2007）通过功能磁共振成像扫描了 19 名阅读障碍儿童和 19 名正常对照组儿童，结果发现，阅读障碍儿童的左侧顶下小叶灰质体积减小。田梦雨（2018）发现汉语阅读障碍儿童的左侧顶下小叶和顶内沟的皮层厚度显著大于正常儿童，提示汉语阅读障碍儿童的视觉大细胞 – 背侧通路缺陷可能聚焦在顶下小叶的发育异常。此外，Qi 等人（2016）使用结构磁共振成像数据构建了皮层表面积（对先天发育敏感）网络和皮层厚度（对后天发育敏感）网络。研究包括 17 名汉语阅读障碍儿童和 17 名年龄匹配的正常发育儿童。结果发现，相比于正常儿童，汉语阅读障碍儿童在两种网络中顶叶的网络重要节点均较少，表明阅读障碍个体的结构及连接异常不仅是由于后天发育的影响，反映在皮层厚度网络的改变上，也可能是产前发育过程中的先天性影响，反映在表面积网络的改变上。综上所述，阅读障碍者在视觉大细胞 – 背侧通路上存在结构异常，为其视觉大细胞 – 背侧通路缺陷提供了直接证据。

第二节　视觉大细胞－背侧通路功能异常的行为研究

一、拼音文字阅读障碍研究

在行为层面，研究者通过操控光栅的空间频率和时间频率，以测量个体的光栅对比度阈限来探测阅读障碍者的大细胞通路功能。Lovegrove 等人（1980）以正弦光栅为刺激，光栅的空间频率分别为 2c/d、4c/d、12c/d、16c/d（circle/degree），要求儿童判断屏幕上是否出现光栅（光栅觉察任务）。实验过程中，光栅的对比度根据被试的表现减小或增加，直至正确率达到 75% 时测试结束，计算出此时的对比度，并将其记为觉察阈限。为了更精确地找出阈限，在随后的研究中，Lovegrove 等人（1982）采用空间频率分别为 2c/d、4c/d、8c/d、12c/d 的光栅，儿童可以主动调节光栅的对比度，直至刚好可以看到或看不到光栅。这种主动调节的方法能够更好地反映被试的真实感知能力，减少外部因素的干扰，从而提高测量的精确性。两个研究一致发现，在加工静止的低空间频率（2c/d）光栅时，阅读障碍者的对比度阈限高于正常对照组，即对比度敏感性较低；而在加工高空间频率的光栅时，阅读障碍者的表现与正常对照组一致。上述两项研究的结果表明，阅读障碍者的视觉大细胞通路功能可能存在特异性缺陷，尤其是在处理低空间频率信息时。这种缺陷可能与阅读障碍者的视觉感知问题有关，因为大细胞通路在快速视觉处理和整体轮廓感知中起关键作用。Martin 和 Lovegrove（1984）进一步将光栅的空间频率降低至 1c/d，结果也发现，阅读障碍者在加工低空间频率（大细胞敏感刺激）的光栅时，对比度敏感性显著低于正常对照组。表明阅读障碍者在加工低空间频率光栅时存在缺陷，而在加工高空间频率光栅时的对比度阈限则与正常对照组无显著差异。

采用一致性运动探测（或判断）任务，Hansen 等人（2001）对比了

15名阅读障碍成人和34名年龄相仿的正常成人。结果发现，阅读障碍者对动态随机点的一致性运动的敏感性低于同年龄正常阅读者。Talcott等人（2003）探究了在形音对应规则更为规范的挪威语中，阅读能力差的人是否有着与英语中类似的动态视觉敏感度缺陷。研究采用视觉一致性运动探测任务，共有19名挪威语阅读能力差的儿童和22名正常同龄对照儿童参与实验。结果发现，在挪威语中，也有超过三分之二（68.4%）的阅读能力差的儿童对视觉一致性运动的敏感性差。同为神经发育障碍，Pellicano和Gibson（2008）试图探讨自闭症是否和阅读障碍表现出相同的视觉大细胞 – 背侧通路缺陷。被试包括41名阅读障碍儿童、同龄的20名自闭症儿童和61名同龄正常发育儿童，研究者评估了所有被试的皮层下较低（对闪烁刺激对比度的敏感性）水平的视觉大细胞通路和皮层上较高（对全局运动的敏感性）水平的视觉背侧通路的完整性。结果发现，自闭症儿童表现出较低水平的视觉大细胞通路功能完整，但较高水平的视觉背侧通路功能受损；而阅读障碍儿童则同时表现出较低水平和较高水平的视觉大细胞 – 背侧通路功能异常。这样的结果说明，即使同为神经发育障碍，自闭症和阅读障碍在视觉大细胞 – 背侧通路上的异常表现也不尽相同。然而，Bednarek等人（2009）同样采用一致性运动探测任务，比较了21名阅读障碍儿童和22名正常发育儿童，并未发现阅读障碍者存在一致性运动敏感性缺陷，研究者认为这可能与运动点密度过大有关。为解决这一争议，并进一步探究阅读障碍者的这种低一致性运动敏感性是否在不同的运动点密度条件下稳定存在，有研究者在实验中操控了运动点的密度与呈现时间，结果发现阅读障碍者的一致性运动探测阈限始终高于对照组（Talcott et al., 2000）。另有元分析汇总了从1995年到2010年间发表的35篇关于阅读障碍者完成一致性运动任务的文献，发现组间差异具有较大的效应量（$d = 0.747$），表明阅读障碍者的一致性运动加工缺陷具有稳定性（Benassi et al., 2010）。同时该研究指出，成人被试的效应量更大，任务中使用较少运动点（少于150

个)的效应量更大,而效应量大小与点的运动速度以及视角无关。

二、汉语阅读障碍研究

不同于线性拼音文字,汉字的构型较为复杂,因此汉字识别对视觉加工的要求更高。已有研究表明,视觉加工能力对汉字阅读能力的发展起着重要的作用(Chung et al.,2008;Yang et al.,2013)。我们进行的一系列研究发现,汉语阅读障碍者在完成视觉大细胞-背侧通路敏感的任务时表现较差。Wang 等(2010)将汉语阅读障碍儿童在光栅运动方向判断任务中的表现分别与同年龄、同阅读水平对照组进行比较,探究其视觉大细胞-背侧通路功能。

1. 被试

16 名发展性阅读障碍儿童(阅读障碍组),16 名同年龄正常阅读者(CA 组),16 名同阅读水平正常阅读者(RL 组)。所有儿童都是右利手,听力、视力或者矫正视力正常,无 ADHD(注意力缺陷多动障碍),无神经或精神疾病。

阅读障碍者的筛选测验包括标准识字量测验(Wang & Tao,1993)、联合型瑞文智力测验。筛选标准是:阅读障碍组儿童的识字量低于同年龄儿童平均水平 1.5 个标准差及以上。CA 组儿童是选自与阅读障碍组年龄匹配、识字量在同年龄儿童平均水平 ±1 个标准差以内的正常儿童。RL 组是选自低年级的正常儿童,其识字量与阅读障碍组匹配。所有儿童的瑞文智力测试分数都大于 85。

2. 实验任务

采用光栅运动方向判断任务。实验前有练习,目的是让儿童熟悉操作程序,练习正确率达到 50% 开始正式实验。设置两种实验条件,一种低对比度、低空间频率光栅作为视觉大细胞-背侧通路条件,另一种高对比度、高空间频率光栅作为控制条件。两种条件都是高时间频率,所以,控制条件不是严格的小细胞条件。实验中,首先呈现运动的光栅,运动速度为 54°/s(度/秒),要求被试在 1500ms 之内根据不同的运动方向进行按键反应。运动方向分为从上到下和从下到上两种,一半被试对从上到下的方向按鼠标左键,对从下到上的方向按鼠标右键;另一半被试对从上到下的方向按鼠标右键,对从下到上的方向按鼠标左键。

3. 结果

对各组儿童的反应时和正确率进行统计分析发现,在视觉大细胞 – 背侧通路条件下,阅读障碍组与 CA 组的正确率无显著差异($p > 0.05$),但是阅读障碍组的反应时显著长于 CA 组($p < 0.05$);阅读障碍组与 RL 组的反应时没有显著差异,但是阅读障碍组表现出更多的错误($p = 0.08$)。而在控制条件下,阅读障碍组与 CA 组、RL 组在反应时和正确率上均无显著差异($ps > 0.05$)。

综上,Wang 等人(2010)采用光栅运动方向判断任务发现,汉语阅读障碍儿童存在视觉大细胞 – 背侧通路功能异常。之后,使用不同的任务(一致性运动探测任务),Qian 和 Bi(2014)再次探究了汉语阅读障碍儿童是否存在视觉大细胞 – 背侧通路缺陷。

1. 被试

26 名阅读障碍儿童(DD 组,平均年龄 10.03 岁),19 名同年龄正常儿童(CA 组,平均年龄 10.37 岁)对照组。阅读障碍儿童的筛选参照 Wang 等人(2010)的研究。

2. 实验任务

(1)视觉大细胞 – 背侧通路功能测试。采用一致性运动探测任务。暗背景下,在屏幕左右两侧分别呈现 300 个移动的白点。一个区域的所有白点都随机移动,另一个区域中有一定比例的白点一致性向左或向右移动。被试需要在白点消失后,判断哪个位置的白点存在这种一致性运动。错误判断会导致一致性移动白点的数量增加 1%,正确判断一致性移动白点的数量减少 1%。在 10 次转折后，结束实验。阈值定义为最后 6 次转折中一致性移动的白点数的平均值。将三次实验的平均阈值作为阈值的最终结果。

（2）正字法加工技能测试。该任务由 40 个真字、20 个非字（不符合构字规则的人造字）和 20 个假字（符合构字规则的人造字）组成。要求被试判断所呈现的视觉刺激是否为真实的汉字。记录判断的正确率和反应时。

3. 结果

结果表明，阅读障碍儿童在一致性运动探测任务中的阈值显著高于同龄正常儿童，说明阅读障碍儿童判断一致性运动的灵敏度低，存在缺陷。同时，阅读障碍儿童在正字法意识测试中的反应也较慢。为探讨一致性运动探测成绩与正字法技能之间的关系，研究者合并阅读障碍儿童和同年龄正常儿童的表现，对一致性运动探测成绩与正字法意识之间的相关性进行分析，结果发现，二者存在正相关，说明视觉大细胞 – 背侧通路功能越好，正字法加工技能越好。

由此可见，通过一致性运动探测任务，Qian 和 Bi（2014）也发现汉语阅读障碍儿童存在视觉大细胞 – 背侧通路缺陷，表明了这种缺陷的稳定性（即不随任务类型的改变而改变）。那么，阅读障碍的视觉大细胞 – 背侧通路缺陷是如何影响其汉字识别的？Zhao 等人（2014）经过文献调研，发现该通路功能与物体的整体识别有关，于是，借助阅读障碍的不同亚类型，研究者欲探查阅读障碍的视觉大细胞 – 背侧通路功能是否通过影响汉字的整体识别进而影响阅读。

1. 被试

研究共包括三组被试：（1）16 名有视觉大细胞 – 背侧通路缺陷的阅读障碍儿童；（2）15 名没有视觉大细胞 – 背侧通路缺陷的阅读障碍儿童；（3）27 名同年龄正常儿童。阅读障碍的筛选同 Wang 等人（2010）。视觉大细胞 – 背侧通路功能通过光栅对比度任务测量，在阅读障碍儿童中，光栅对比度敏感性得分低于正常对照组 1.65 个标准差的儿童定义为具有视觉大细胞-背侧通路缺陷。

2. 实验任务

一个包含两种视觉条件的整字/部分判断任务，包括视觉大细胞-背侧通路（M-D）条件和非视觉大细胞-背侧通路（NM-D）对照条件。如图 4-1，M-D 条件下目标汉字的空间频率被操纵为 1.5c/d；NM-D 条件下目标汉字的空间频率不被操纵。实验材料包括 80 个左右结构的假字，作为目标字，每种视觉条件 40 个。在整字判断任务中，被试需要判断呈现的假字是否与之前看到的整体目标字相同；在部分判断任务中，被试需要判断假字的某个部分（偏旁）是否与目标字的相应部分相同。整字判断任务中，有 40 个假字作为测试材料，其中 20 个与目标刺激相同，20 个不同；部分判断任务中，20 个与目标刺激的偏旁相同，20 个不同。每个试次的流程为：首先呈现 1000ms 注视点，随后呈现 500ms 目标汉字，接着呈现 1000ms 的提示，以告知被试接下来需要进行整字判断还是部分判断，最终呈现测试材料，要求被试判断测试材料是否与之前呈现的汉字的整体/相应部分相

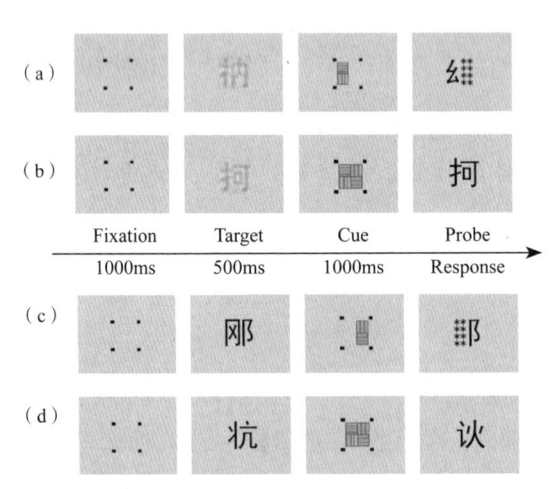

注：(a) 和 (b) 代表 M-D 条件，(c) 和 (d) 代表 NM-D 条件；
(a) 和 (c) 为部分判断任务，(b) 和 (d) 为整字判断任务。

图 4-1 实验任务示例

同，记录被试的反应时间和错误率。

3. 结果

反应时间和错误率结果表明，在 M-D 条件下，没有视觉大细胞－背侧通路缺陷的阅读障碍儿童和正常对照组儿童均表现出显著的整体优势效应，即相比于部分判断任务，整字判断的反应速度更快、错误率更低。然而，具有视觉大细胞－背侧通路缺陷的阅读障碍儿童则没有这种整体优势效应，即对整字和部件的反应，无论是反应时还是正确率均无显著差异。Zhao 等人（2014）认为，阅读障碍者的视觉大细胞－背侧通路缺陷可能会影响个体对汉字的整体识别，进而导致阅读困难。

另有研究者指出，阅读障碍的视觉加工困难可能与噪音抑制障碍有关。Ji 和 Bi（2020）通过两个实验来检验这一假设。

实验一

1. 被试

26 名汉语阅读障碍儿童，26 名同年龄正常儿童。阅读障碍的筛查同 Wang 等人（2010）。研究同时测量了儿童的一些阅读相关技能，包括阅读流畅性、语音意识、语素意识和快速自动化命名（RAN）。除语音意识测试外，阅读障碍儿童在其他测试中的表现均明显差于对照组，支持了阅读障碍筛选方法的可靠性。所有参与者都是右利手，听力、视力或矫正视力正常，没有任何其他神经异常。

2. 实验任务

采用光栅对比度敏感性测试。如图 4-2，刺激由光栅与棋盘噪音组成。在高噪音条件下，最亮和最暗像素块的对比度为 100%；在低噪音条件下，这一比例为 40%。每种光栅都有两个方向（45°或 135°）。M 代表大细胞条件，在此条件下噪音也随着光栅按相同频率翻转相位；P 代表小细胞条件，此条件下是静止状态。实验首先呈现 250ms 的注视点，然后出现

200ms 的目标刺激，最后呈现空白屏幕，要求儿童判断刺激的方向。采用三下一上阶梯法测量阈限，当完成 150 个试次或达到 10 次转折时，实验停止。采用最后 5 次转折的平均对比度来估计对比度阈值。

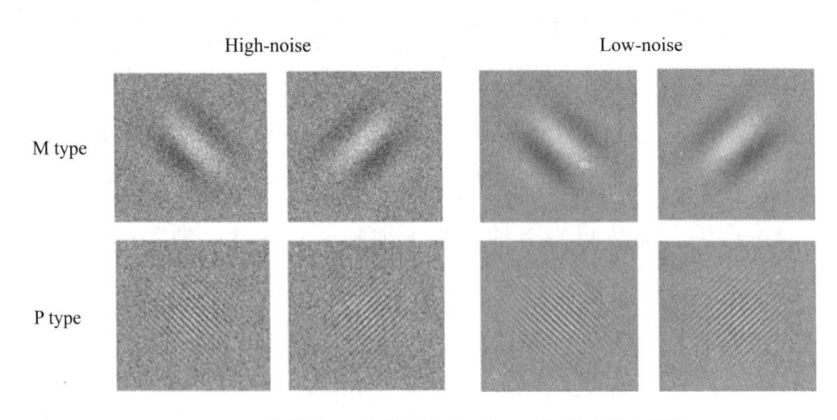

图 4-2　高噪音和低噪音下 M 和 P 条件刺激示例

3. 结果

在高噪音条件下，阅读障碍儿童的对比度敏感性显著差于正常儿童，在低噪音条件下，不存在这种差异。

实验二

1. 被试

29 名汉语阅读障碍儿童，29 名同年龄正常儿童。阅读障碍的筛查同 Wang 等人（2010）。实验二也测量了儿童的一些阅读相关技能（与实验一相同）。在所有测试中，阅读障碍儿童的表现均明显差于对照组，支持了阅读障碍筛选方法的可靠性。

2. 实验任务

采用一致性运动探测任务和一致性朝向线条任务。在一致性运动探测任务中，信号点沿单一方向（向左或向右）移动，而噪音点随机移动。与一致性运动探测任务相对应，研究者设计了一致性朝向线条任务，该任务刺激为 100 个白色静止线条，呈现范围是 6°×6°。线条的大小为 0.26°×0.06°（其中，°代表的是视觉角度，即刺激在被试视网膜上所占的角度大小）。信号线条方向固定（45°或 135°），噪音线条方向随机。这两个任务都有两个水平：高噪音和低噪音。在高噪音条件下，信号的对比度与噪音的对比度相同，均为 63.88%；在低噪音条件下，信号的对比度为 63.88%，但噪音的对比度为 58.52%（图 4-3）。

两项任务的程序很相似。首先在屏幕中央呈现 250ms 注视点，然后呈现 1000ms 刺激，之后是空白屏幕，让被试判断信号点或信号线的方向。通过三下一上阶梯法测量被试的一致性阈限，当达到 150 个试次或 10 次阶梯转折时，停止实验。取后 5 次转折点的平均比例水平来估计阈值。

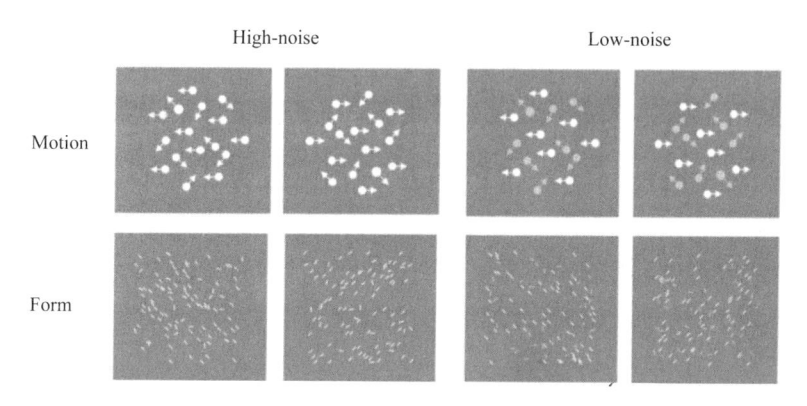

图 4-3　高噪音和低噪音条件下的一致性运动探测／一致性朝向线条刺激示例

3. 结果

仅在高噪音条件下，阅读障碍者表现出较低的一致性运动和一致性线条朝向敏感性，而在低噪音条件下，没有观察到显著的组间差异。

可见，无论使用何种任务或刺激类型，汉语阅读障碍儿童都仅在高噪音条件下表现得比对照组差，支持噪音抑制缺陷假说。噪音抑制可能与后顶叶皮层的功能有关，而后顶叶皮层是视觉大细胞 - 背侧通路的重要区域。Saalmann 等（2007）认为，视觉大细胞 - 背侧通路缺陷理论和噪音抑制缺陷假说并不是两个非此即彼的互斥的理论假说，特别是在脑网络层面。研究者认为两种理论可能分别反映了阅读障碍在视觉系统的不同层次上的功能缺陷。视觉大细胞-背侧通路缺陷理论更多地强调了阅读障碍者视觉传导通路的不同阶段，特别是早期阶段的异常功能特征；噪音抑制缺陷假说则着重强调了阅读障碍者早期视觉加工的高阶皮层自上而下的调节异常。

综上，行为研究结果发现，汉语阅读障碍儿童存在视觉大细胞-背侧通路功能异常。这种结果与拼音文字的研究结果相一致（Stein, 2001; Stein, 2003），支持了阅读障碍的视觉大细胞-背侧通路缺陷理论，并提示阅读障碍者在视觉大细胞-背侧通路上的缺陷具有跨语言的普遍性，且这种缺陷可能与较差的噪音抑制能力有关。

第三节　视觉大细胞-背侧通路功能异常的神经研究

一、拼音文字阅读障碍研究

研究者采用脑电技术，向被试呈现低对比度的棋盘格刺激后，发现阅读障碍成人在刺激呈现后20~50ms之间的视觉诱发电位波幅显著小于正常对照组（Livingstone et al., 1991）。在阅读障碍儿童中也发现了类似的结果，与正常对照组相比，阅读障碍儿童在加工低空间频率视觉信息时，表现出P1和N1的波幅更小、潜伏期更长（Lehmkuhle et al., 1993）。另有研究者使用一致性运动探测任务，结合脑电技术，发现相比于随机运动，含一致性运动条件下能够在正常儿童右半球观察到更大的N2波幅，但在阅读障碍儿童中没有发现波幅的增大（Jednoróg et al., 2011）。可见，无论刺激类型（棋盘格刺激或运动点刺激）和被试群体（儿童或成人），阅读障碍者均表现出视觉大细胞 – 背侧通路的神经活动异常。

除时间分辨率高的脑电技术外，也有研究者使用空间分辨率高的 MEG 技术或 fMRI 技术考查阅读障碍者视觉大细胞 – 背侧通路的神经活动异常。早在 1997 年，就有研究者通过 MEG 技术发现，运动的光栅可以激活阅读障碍成人和正常对照组的 MT 区（主要负责加工视觉运动信息），但阅读障碍者反应的潜伏期比正常对照组更长（Vanni et al., 1997）。通过使用运动的正弦光栅，fMRI 研究发现阅读障碍成人的 MT 区激活弱于正常阅读者，且激活强度与阅读速度呈正相关（Demb et al., 1997）。在儿童中，研究者发现，相较于正常儿童，阅读障碍儿童在进行运动探测时，V5/MT 区的激活程度更低（Heim et al., 2010）。综上，在拼音文字中，阅读障碍儿童和成人视觉大细胞 – 背侧通路的神经活动均存在异常。

二、汉语阅读障碍研究

相较于拼音文字，阅读汉字有更大的视觉空间处理认知需求（Siok et al., 2003, 2004），提示汉语阅读障碍的视觉大细胞 – 背侧通路可能也存在异常。为回答这一问题，我们进行了一系列研究。Wang 等人（2010）通过 ERP 实验，探究了汉语发展性阅读障碍视觉大细胞 – 背侧通路的神经活动。

1. 被试

使用广泛用于筛选汉语普通话儿童阅读障碍的瑞文智力测验（中国城市修订版；张厚粲，王晓平，1985）和小学儿童汉字识别量表（王孝玲，陶保平，1996），筛选出 11 名阅读障碍儿童（平均 10.84 岁）、12 名同年龄正常对照组儿童（CA 组，平均 10.53 岁）和 13 名同阅读水平对照组儿童（RL 组，平均 9.18 岁）。阅读障碍组的筛选标准是，智力正常（IQ > 85），汉字识别成绩比同年龄儿童的平均成绩至少低 1.5 个标准差。CA 组儿童汉字识别成绩正常（在一个标准差内），智力正常，且与阅读障碍组的学生来自同一年级。RL 组儿童来自较低年级，智力正常，他们的汉字识别成绩与阅读障碍组相同。所有参与者都是右利手，听力正常，视力或矫正视力正常，没有其他神经异常。

2. 实验任务

给被试呈现听觉刺激和视觉刺激，要求被试注意听觉刺激、忽视视觉刺激。其中：(1) 听觉刺激根据音调高低分为标准刺激和新异刺激。标准刺激是800Hz的纯音，占总刺激数量的88%；新异刺激是1000Hz的纯音，占总刺激数量的12%。持续时间均是20ms，强度均为90dB。标准刺激共呈现352次，新异刺激共呈现48次。(2) 视觉刺激包括两种条件。视觉大细胞-背侧通路条件，刺激为低对比度（10%）、低空间频率（1 c/d）的光栅；对照条件，刺激为高对比度（50%）、高空间频率（4 c/d）的光栅。其中，标准刺激光栅的运动方向为先向上后向下；新异刺激光栅的运动方向为先向下后向上。光栅的大小均为 3.4°×4°，呈现100ms，速度为54°/s。

实验流程如下：实验前进行练习，练习包括50个试次，正确率达到50%才能开始正式实验。正式实验中，被试注视电脑屏幕60ms，随后呈现听觉纯音刺激20ms，间隔250~700ms后屏幕上随机呈现0~2个运动的光栅，再间隔250~700ms后呈现click提示音（2ms，18dB）。要求被试听到提示音后，根据之前听到的纯音刺激的音调高低进行按键反应。一半被试按键盘上向左的按钮表示800Hz，按向右的按钮表示1000Hz，另一半被试则相反。需要注意的是，实验要求被试在听到纯音刺激后不要"立刻"反应，而要等待提示音出现后再按键。每个被试需完成四组任务，其中两组为视觉大细胞-背侧通路条件，两组为对照条件。每组包括200个光栅刺激，其中176个为标准刺激（88%），24个为新异刺激（12%）。

3. 结果

研究者分析了ERP成分中的视觉失匹配负波（简称vMMN）。vMMN反映了大脑对视觉刺激变化的敏感性和自动加工过程，通常在标准刺激和新异刺激之间出现差异时被诱发。结果表明，在视觉大细胞-背侧通路条件（即低对比度和低空间频率）下，阅读障碍儿童的 vMMN 平均波幅小于 CA 对照组和 RL 对照组，后两者之间无显著差异。在对照条件（即高对比度和高空间频率），三组中任意两组之间都没有显著差异。此外，汉语阅读障碍者的 vMMN 平均波幅在视觉大细胞 - 背侧通路条件下比在对照条件下有所降低，但 CA 和 RL 两个对照组均未显示出这一趋势。

ERP 数据分析结果表明，与两个对照组相比，汉语阅读障碍组的大细胞 - 背侧通路功能有缺陷（表现为对视觉刺激变化的敏感性降低），与拼音文字中的很多研究结果一致（Shulte-Korne et al.，2004；Stein，2001），支持了阅读障碍者的视觉大细胞 - 背侧通路缺陷假说。由于该研究采用两个对照组（CA 组与 RL 组），在视觉大细胞 - 背侧通路条件下，两个对照组和阅读障碍组的 vMMN 都有显著差异，而两组正常儿童之间无差异。暗示视觉大细胞 - 背侧通路功能缺陷是阅读障碍者本身具有的，与阅读经验无关。然而，该研究也存在不足，视觉刺激的两个条件都是高时间频率，虽符合视觉大细胞 - 背侧通路的敏感条件，但对照条件不是典型的小细胞条件。

为了检验时间因素和空间因素在大细胞条件下起的作用，即是否同时满足时，才能激活大细胞通路，Meng 等人（2022）设置了低空间频率、高时间频率和小细胞三种条件，采用 ERP 技术探究汉语阅读障碍儿童和正常儿童视觉大细胞 - 背侧通路的时间 / 空间加工特点。

1. 被试

13 名阅读障碍儿童和 13 名同年龄正常儿童（CA 组）参加了实验。所有参与者都是右利手，智力正常，听力、视力或矫正视力正常，没有其他神经异常，无注意力缺陷多动障碍。阅读障碍组筛选标准同 Wang 等人（2010）。

2. 实验任务

研究采用光栅方向判断任务，要求被试判断光栅是垂直的还是水平的。低空间频率条件下光栅的空间频率为 0.5 c/d，时间频率为 2.5Hz；高时间频率条件下光栅的空间频率为 5 c/d，时间频率为 30Hz；小细胞条件下光栅的空间频率为 5 c/d，时间频率为 2.5Hz。

3. 结果

在高时间频率条件下，与 CA 组相比，阅读障碍组的 P1 平均峰值波幅减小、潜伏期变长；低空间频率条件下，与 CA 组相比，阅读障碍组的 P1 平均峰值波幅减小，但在潜伏期上无显著差异；小细胞条件下，阅读障碍组和 CA 组的 P1 平均峰值波幅及潜伏期差异均不显著。此外，高时间频率条件下，语音意识和 P1 的平均峰值波幅相关，快速命名成绩和 P1 的潜伏期相关；低空间频率条件下，阅读准确性和 P1 的平均峰值波幅相关；而在小细胞条件下，P1 的平均峰值波幅和潜伏期与阅读相关技能之间无显著相关性。

该研究表明汉语阅读障碍儿童在视觉大细胞 – 背侧通路的时间和空间加工上都存在缺陷，视觉大细胞 – 背侧通路功能的不同方面与不同的阅读相关技能存在联系——时间加工和语音意识及快速命名有关，空间加工和阅读准确性有关。总的来说，视觉大细胞 – 背侧通路的时间加工和空间加工在汉语阅读过程中发挥着不同的作用，它们都体现了视觉大细胞 – 背侧通路的功能。

采用空间分辨率更高的 fMRI 技术，季雨竹（2019）首次探查了汉语阅读障碍者外侧膝状体（LGN）的大小细胞层的功能差异。

1. 被试

从三至五年级学生中招募阅读障碍组儿童 17 名（平均 10.05 岁），以及同年龄对照组儿童 19 名（CA 组，平均 10.43 岁）。阅读障碍儿童与 CA 组儿童的筛选标准同 Wang 等人（2010），但将阅读障碍儿童的入组标准确定为汉字识别成绩低于正常儿童 1.2 个标准差及以上。

2. 实验任务

使用 fMRI 技术，采用视觉大细胞刺激（M 刺激，径向运动的黑白相间圆环，对比度 30%、时间频率 10Hz）和视觉小细胞刺激（P 刺激，水平运动的红绿光栅，对比度 100%、时间频率 0.5Hz、空间频率 0.25 c/d），向被试呈现刺激的同时要求被试注视屏幕中间的圆点，圆点颜色发生变化时按键反应，以维持被试的注意（图 4-4）。在 P 条件中，基线 block 为注视点，刺激 block 为 P 刺激，二者相减即可得到对视觉小细胞刺激的响应；在 M 条件中，基线 block 为 P 刺激，刺激 block 则在 P 刺激的基础上叠加 M 刺激，二者相减即可得到对视觉大细胞刺激的响应。

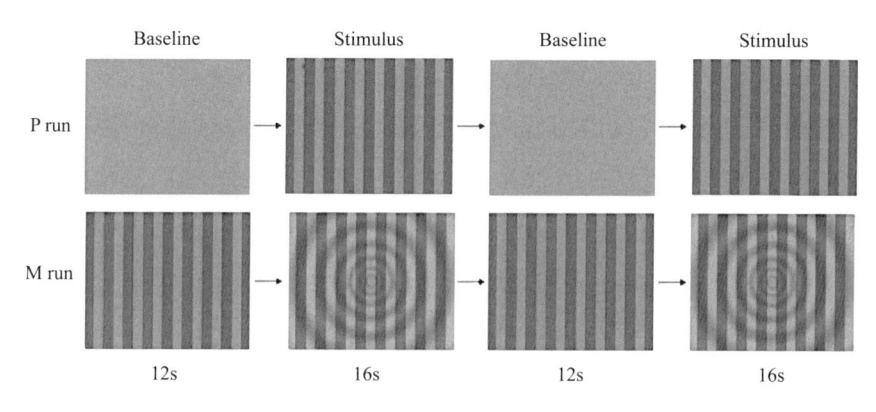

图 4-4　实验刺激与流程示意图

3. 结果

本研究首次区分了阅读障碍儿童 LGN 的大小细胞层，且区分结果与 LGN 的解剖形态相似。阅读障碍儿童左侧 LGN 的大细胞层对视觉大细胞刺激的激活要显著低于对照组儿童，而大细胞层对视觉小细胞刺激以及小细胞层对两类刺激的激活则没有显著的组间差异。结果表明，汉语阅读障碍儿童的视觉大细胞层具有选择性的功能减弱，即加工视觉大细胞刺激时的激活显著低于对照组；并且这种激活不足还具有不对称性，主要表现为左侧大细胞层的功能异常。

除了皮层下外侧膝状体的异常，也有研究关注了汉语阅读障碍儿童皮层上背侧通路的功能缺陷。Siok 等人（2009）进行了一项功能磁共振成像实验，在实验中，12名汉语阅读障碍儿童和12名正常对照组儿童进行了视觉空间维度的物理尺寸判断任务。结果发现，与对照组相比，阅读障碍儿童的左侧顶内沟（视觉空间加工的主要区域）的激活较弱。Liu等人（2022）采用一致性运动方向判断任务，探究汉语阅读障碍儿童（平均10.85岁）进行视觉运动加工时视觉大细胞-背侧通路的活动。结果显示，加工视觉运动刺激时，阅读障碍儿童的左侧V5/MT+区和右侧后顶叶皮层的激活比对照组弱。并且，在阅读障碍组中，V5/MT+区激活越强，语音意识、快速命名能力和正字法意识越差。

在静息状态下，汉语阅读障碍儿童的左侧顶内沟与左侧梭状回中部、左侧额中回的功能连接减弱，并且左侧顶内沟与左侧梭状回的功能连接强度与儿童的阅读流畅性显著相关（Zhou et al., 2015）。田梦雨（2018）对汉语阅读障碍儿童静息态下局部脑区的功能进行探查。选用ALFF、fALFF和ReHo作为局部脑区功能状况的指标。ALFF是血氧依赖性低频振荡信号的振幅，可以反映脑局部自发神经活动的强度（Biswal et al., 1995）。fALFF值指低频振荡振幅的分数，即低频振荡振幅与整个带宽的振荡振幅的比值（Zou et al., 2008）。ReHo是选定的voxel和周围voxel时间序列的相关，考查局部脑区之间的同步性（Zang et al., 2004）。结合全脑分析和ROI分析的结果发现，汉语阅读障碍儿童的左侧顶下小叶、顶上小叶和右侧顶内沟的ALFF值或fALFF值下降，左侧顶上小叶的ReHo值下降。进一步考查网络内/间的功能连接，结果显示，汉语阅读障碍儿童在右侧额叶眼区和右侧顶内沟后部的功能连接减弱。另外，CA儿童右侧顶内沟前部和右侧颞顶联合区的功能连接为显著的负连接，而汉语阅读障碍儿童的连接不显著。后顶叶是视觉大细胞-背侧通路的重要脑结构，可见，汉语阅读障碍儿童静息状态下也存在视觉大细胞-背侧通路的功能异常，且这种异常与阅读相关。

本章介绍了阅读障碍者的视觉大细胞-背侧通路缺陷相关研究成果。

首先介绍了阅读障碍者视觉大细胞-背侧通路的结构异常。其次为行为研究，分别介绍了拼音文字阅读障碍者和汉语阅读障碍者视觉大细胞-背侧通路缺陷的行为研究结果。最后是神经机制研究，同样分别介绍了拼音文字阅读障碍者和汉语阅读障碍者视觉大细胞-背侧通路缺陷的神经机制研究结果。

尽管大量研究表明拼音文字和汉语阅读障碍者均存在视觉大细胞-背侧通路的缺陷，显示出跨文化的普遍性，但关于这种缺陷是否存在特异性，目前尚未形成一致的结论。一些研究发现阅读障碍者不仅在视觉大细胞通路条件下表现出对比度敏感性的低下，在视觉小细胞通路条件下的对比度敏感性也同样较低，暗示了一种普遍的缺陷（Stuart et al., 2001）。另一些研究则没有发现阅读障碍者与正常阅读者在一致性运动敏感性上存在差异（如 Scheuerpflug et al., 2004；Taroyan et al., 2011；Tsermentseli et al, 2008）。还有一些研究甚至发现了完全相反的结果，即阅读障碍者在视觉小细胞条件下表现出了认知加工缺陷，而非在视觉大细胞条件（Brecelj et al., 1997；Farrag et al., 2002）。研究者认为这种结果的不一致可能与阅读障碍群体的异质性有关（Stein, 2001；Valdois et al., 2004）。拼音文字研究发现，约有 30% 的阅读障碍者存在视觉大细胞-背侧通路缺陷（Conlon et al., 2009），而汉语研究表明约有 50% 的阅读障碍者具有大细胞-背侧通路缺陷（Meng et al., 2011；Zhao et al., 2014）。因此，当考虑对阅读障碍个体进行视觉大细胞-背侧通路干预训练时，需要首先确定其是否具有大细胞-背侧通路缺陷。下一章节我们将对干预进行详细的阐述。

部分参考文献

［1］ 季雨竹. 汉语发展性阅读障碍儿童视觉加工困难的认知神经机制 [D]. 北京：中国科学院大学，2019.

［2］ 田梦雨. 汉语发展性阅读障碍儿童的视觉空间注意能力研究 [D]. 北京：中国科学院大学，2018.

［3］ 王孝玲，陶保平 (1996). 小学生识字量测试题库及评价量表. 上海：上海教育出版社.

［4］ 张厚粲，王晓平. (1985). 瑞文标准推理测验手册 (中国城市修订版). 北京：北京师范大学出版社.

［5］ Bednarek, D., Saldaña, D., & García, I. (2009). Visual versus phonological abilities in Spanish dyslexic boys and girls. *Brain and Cognition*, *70*(3), 273-278.

［6］ Benassi, M., Simonelli, L., Giovagnoli, S., & Bolzani, R. (2010). Coherence motion perception in developmental dyslexia: a meta-analysis of behavioral studies. *Dyslexia*, *16*(4), 341-357.

［7］ Biswal, B., Zerrin Yetkin, F., Haughton, V. M., & Hyde, J. S. (1995). Functional connectivity in the motor cortex of resting human brain using echo-planar MRI. *Magnetic resonance in medicine*, *34*(4), 537-541.

［8］ Brecelj, J., Štrucl, M., & Raič, V. (1997). Simultaneous pattern electroretinogram and visual evoked potential recordings in dyslexic children. *Documenta ophthalmologica*, *94*(4), 355-364.

［9］ Chung, K. K., McBride-Chang, C., Wong, S. W., Cheung, H., Penney, T. B., & Ho, C. S. H. (2008). The role of visual and auditory temporal processing for

Chinese children with developmental dyslexia. *Annals of dyslexia, 58*(1), 15-35.

[10] Conlon, E. G., Sanders, M. A., & Wright, C. M. (2009). Relationships between global motion and global form processing, practice, cognitive and visual processing in adults with dyslexia or visual discomfort. *Neuropsychologia, 47* (3), 907-915.

[11] Demb, J. B., Boynton, G. M., & Heeger, D. J. (1997). Brain activity in visual cortex predicts individual differences in reading performance. *Proceedings of the National Academy of Sciences, 94*(24), 13363-13366.

[12] Farrag, A. F., Khedr, E. M., & Abel-Naser, W. (2002). Impaired parvocellular pathway in dyslexic children. *European Journal of Neurology, 9*(4), 359-363.

[13] Galaburda, A., & Livingstone, M. (1993). Evidence for a Magnocellular Defect in Developmental Dyslexia a. *Annals of the New York Academy of Sciences, 682*(1), 70-82.

[14] Giraldo-Chica, M., Hegarty Ⅱ, J. P., & Schneider, K. A. (2015). Morphological differences in the lateral geniculate nucleus associated with dyslexia. *Neuroimage: Clinical, 7*, 830-836.

[15] Hansen, P. C., Stein, J. F., Orde, S. R., Winter, J. L., & Talcott, J. B. (2001). Are dyslexics' visual deficits limited to measures of dorsal stream function?. *Neuroreport, 12*(7), 1527-1530.

[16] Heim, S., Grande, M., Pape-Neumann, J., van Ermingen, M., Meffert, fert, E., Grabowska, A., ... & Amunts, K. (2010). Interaction of phonological awareness and 'magnocellular' processing during normal and dyslexic reading: behavioural and fMRI investigations. *Dyslexia, 16*(3), 258-282.

[17] Hoeft, F., Meyler, A., Hernandez, A., Juel, C., Taylor-Hill, H., Martindale, J. L., ... & Gabrieli, J. D. (2007). Functional and morphometric brain dissociation between dyslexia and reading ability. *Proceedings of the National Academy of Sciences, 104*(10), 4234-4239.

[18] Jednoróg, K., Marchewka, A., Tacikowski, P., Heim, S., & Grabowska, A. (2011). Electrophysiological evidence for the magnocellular-dorsal pathway deficit in dyslexia. *Developmental science, 14*(4), 873-880.

[19] Lehmkuhle, S., Garzia, R. P., Turner, L., Hash, T., & Baro, J. A. (1993). A defective visual pathway in children with reading disability. *New England Journal of Medicine, 328*(14), 989-996.

[20] Liu, Y. F., Qian, Y., & Bi, H. Y. (2022). Visual motion processing in Chinese children with developmental dyslexia: An fMRI study. *Dyslexia, 28*(4), 431-447.

[21] Livingstone, M. S., Rosen, G. D., Drislane, F. W., & Galaburda, A. M. (1991). Physiological and anatomical evidence for a magnocellular defect in developmental dyslexia. *Proceedings of the National Academy of Sciences, 88*(18), 7943-7947.

[22] Lovegrove, W. J., Bowling, A., Badcock, D., & Blackwood, M. (1980). Specific reading disability: differences in contrast sensitivity as a function of spatial frequency. *Science, 210*(4468), 439-440.

[23] Lovegrove, W., Martin, F., Bowling, A., Blackwood, M., Badcock, D., & Paxton, S. (1982). Contrast sensitivity functions and specific reading disability. *Neuropsy-chologia, 20*(3), 309-315.

[24] Martin, F., & Lovegrove, W. (1984). The effects of field size and luminance on contrast sensitivity differences between specifically reading disabled and normal children. *Neuropsychologia, 22*(1), 73-77.

[25] Meng, X., Cheng-Lai, A., Zeng, B., Stein, J. F., & Zhou, X. (2011). Dynamic visual perception and reading development in Chinese school children. *Annals of Dyslexia, 61*(2), 161-176.

[26] Meng, Z. L., Liu, M. L., & Bi, H. Y. (2022). Spatial and temporal processing difficulties in Chinese children with developmental dyslexia: An ERP study. *Dyslexia, 28*(4), 416-430.

第五章

视觉大细胞-背侧通路功能与阅读的因果关系探查

第一节 原因还是结果——因果关系的争论

从阅读障碍的视觉大细胞-背侧通路缺陷假说一提出，就引起了很多研究者的关注，人们纷纷检验证实。绝大多数对阅读障碍者的检测发现，至少在一些阅读障碍者中，确实可以发现视觉大细胞-背侧通路的损伤。此外，视觉注意、视觉搜索和眼动控制等都被认为主要是由大细胞系统调节的。许多研究者发现阅读障碍者的这些功能存在缺陷，也为阅读障碍的视觉大细胞-背侧通路缺陷假设提供了支持。但是，迄今为止，许多视觉大细胞-背侧通路功能与阅读关系的研究结果是一种相关关系，相关性并不能回答因果问题。到底是大细胞功能不好导致阅读能力差，还是阅读能力差导致大细胞功能不好，这是相关研究不能回答的问题。回答这种因果关系，可以有不同的方法。其中一种是设置与阅读障碍儿童阅读水平相匹配的年龄更小的正常发展儿童作为同阅读水平对照组。这样，阅读障碍组和同阅读水平对照组儿童具有同样的阅读水平或经验，如果两组视觉大细胞 – 背侧通路功能存在差异就不是由于阅读引发的，排除了阅读水平低下是导致视觉大细胞 – 背侧通路功能缺陷的原因。Olulade 等人（2013）进行的一项实验，包括 14 名阅读障碍者（9 岁）和 14 名同年龄对照的正常阅读者，以及 12 名阅读障碍者（10 岁）和 12 名同阅读水平的正常阅读者（7.5 岁）。在 fMRI 的一致性运动方向判断任务中，被试需要观察一组向不同方向移动的低对比度点（水平方向上具有 40% 的运动一致性），并判断运动方向。控制条件仅需要观察静止点并进行密度判断。结果发现，与同年龄对照组相比，阅读障碍者 V5/MT 区域的激活显著减小，但是阅读障碍者和同阅读水平对照组在 V5/ MT 区具有相同的脑激活强度。提示异常视觉运动加工背后的视觉大细胞 – 背侧通路功能缺陷可能不是造成阅读障碍的原因。Gori 等人（2016）采用多种公认的指标探讨视觉大细胞 – 背侧通路功能和阅读障碍之间的因果关系。包括:（1）与同阅读水平对照组比较；（2）采用一种前瞻性的纵向方法，在正式阅读教学开始前测量视觉大细胞 – 背侧通路功能，并研究其对未来阅读发展的预测性。Gori 和同事首先采用一致性运动方向判断任务，要求被试辨别一致性运动点的移动方向，发现阅读障碍儿童的视觉运动感知能力不仅显著弱于同年龄对照组，也显著弱于同阅读水平对照组。随后，Gori 和同事进行了一项前瞻性纵向实验，测量了儿童在幼儿园最后一年（T1）以及小学二年级前（T2）的一致性运动方向判断任务表现、阅读能力（阅读速度和准确性）、语音意识（音节切分）并进行阅读障碍判定。结果发现，组别的主效应显著，阅读障碍儿童的视觉运动感知能力显著弱于正常发展儿童，并且阅读教学开始前的视觉大细胞 – 背侧通路功能既可以显著预测 T2 时期的语音意识也可以显著预测 T2 时期的阅读能力。因此，综合多种方法证明了视觉大细胞 – 背侧通路缺陷是导致阅读障碍的原因之一（Gori et al.，2016）。

由于干预研究在证明因果关系方面表现出色，因此解决视觉大细胞 –

背侧通路功能与阅读能力的因果关系问题的另一种方法通常采用一系列训练视觉大细胞－背侧通路功能的任务来探讨，也就是，通过训练使大细胞－背侧通路功能得到改善，观察阅读能力的变化情况。

第二节 视觉运动感知训练

有研究者指出，阅读障碍的原因可以追溯到更普遍的知觉功能障碍。大细胞－背侧通路缺陷理论认为阅读障碍的核心缺陷是大细胞－背侧通路的损伤。大细胞－背侧通路起始于视网膜中的大细胞神经节，由大细胞将视觉信息传递到外侧膝状体（LGN）的大细胞层，然后，信息被投射到初级视觉皮层，并通过背侧通路（也称为"where"通路）进一步传输到后顶叶皮层（PPC），该区域与目标定位、运动感知、视觉注意和目标导向等行为有关。背侧通路包括颞叶中部区域（MT区），该脑区在运动感知中起关键作用，当被试看到包含一致性运动的运动点时被显著激活。与年龄匹配的正常对照组相比，阅读障碍组在探测一致性运动方面表现出更低的敏感性。此外，阅读障碍者的一致性运动敏感性与假词阅读显著相关，反映了他们较差的语音加工技能。神经层面的研究表明，相比随机运动点，一致性运动的点能够在正常儿童的右半球诱发更大的N2波幅，但是这种现象在阅读障碍儿童中并未出现。并且很多研究一致地表明发展性阅读障碍者的视觉运动加工缺陷可能源于MT区神经活动的异常。

研究者尝试采用基于视觉大细胞－背侧通路的训练方法来改善阅读障碍者的视觉运动加工能力和阅读能力。Solan等（2004）将知觉准确性、向导式阅读、视觉搜索和视觉扫视作为训练内容，经过15次训练，阅读障碍者的一致性运动敏感性、假词阅读及阅读理解能力都有所提高。即针对视觉大细胞－背侧通路的训练能够提高阅读能力，表明视觉大细胞－背侧通路的功能影响阅读能力的发展，大细胞-背侧通路的缺陷是阅读障碍产生的原因之一。

不同于拼音文字，汉字没有明确的形-音对应规则，语音意识在汉语中的作用可能较弱。汉字的构型较为复杂，因此汉字识别对视觉加工能力要求更高。已有研究表明，视觉加工能力对汉字阅读能力的发展起着重要的作用。Wang等（2010）要求被试判断光栅的运动方向。结果发现，对低空间频率、低对比度的光栅（视觉大细胞敏感条件），阅读障碍儿童的反应时长于同年龄正常对照组儿童。在随后的ERP实验中，在大细胞敏感条件下，阅读障碍儿童失匹配负波的波幅小于同年龄对照组和同阅读水平对照组儿童，而两对照组儿童间无显著差异。另有研究者采用轮廓幻影范式，也发现在大细胞条件下阅读障碍儿童的视觉快速加工能力同时低于同年龄和同阅读水平对照组儿童；将所有被试合并，大细胞通路的时间分辨率与阅读流畅性、语音意识相关（肖茜等，2014）。上述两项研究都表明，阅读障碍者的大细胞-背侧通路缺陷不是阅读水平低下引起的，可能是汉语发展性阅读障碍产生的原因之一。既然汉语阅读障碍者存在视觉运动加工能力的缺陷，那么视觉训练是否能够有效提高汉语阅读障碍者的阅读能力呢？Qian等（2015）试图用纯粹的视觉训练来考查大细胞-背侧通路缺陷与汉语发展性阅读障碍的因果关系。

研究方法

1. 被试

从某小学招募阅读障碍儿童17名（DD组），随机分为训练组（8名）和非训练组（9名）；同时选取同年龄对照组儿童11名（CA组）。参考前人研究，阅读障碍的筛选标准为识字量得分低于CA儿童1.5个标准差，且瑞文智力测验得分高于85分。所有阅读障碍儿童排除ADHD和器质性损伤，且视力或矫正视力正常。被试信息如表5-1所示。

表 5-1 被试信息（$M \pm SD$）

变量	训练组 DD ① （n=8）	未训练组 DD ② （n=9）	CA ③ （n=22）	F	比较
年龄（岁）	10.63 ± 0.52	10.11 ± 0.33	10.42 ± 1.07	1.10	①=②=③
智商	100.13 ± 11.37	105.63 ± 10.35	109.82 ± 11.91	1.70	①=②=③
识字量	2111.02 ± 306.91	2067.30 ± 502.78	2807.48 ± 349.70	11.10***	①=②<③

***$p < 0.001$

2. 训练前、后测测试

（1）一致性运动探测任务。采用一致性运动探测任务考查视觉运动加工能力，实验流程参考 Solan 等（2004）的研究范式。"+"注视点出现 500ms 后，给被试呈现黑色背景上两个白色运动点阵。其中一个点阵中的点随机运动，另一个点阵中的一部分点一致性地水平运动。点阵为 9°×11° 的长方形，两个点阵间隔 5° 视角。点的运动速度为 7°/s。点阵出现 2500ms 后要求被试判断一致性运动的点出现在哪个点阵中。采用阶梯法测量被试的一致性运动阈限。被试判断正确，一致性运动点的数量降低 1%；判断错误，一致性运动点数升高 1%。阶梯变化 10 次后程序停止，取最后 6 次阶梯转折点的平均值作为阈限估计值。实验进行三次，取三次阈限估计值的平均值作为最终一致性运动阈限。

（2）语音意识测试。被试的任务是判断听觉相继呈现的三个字中，哪一个字在声调、声母或韵母的某一维度上和其他两个字不同。例如，被试会依次听到 /mei3/，/bao4/，/lei2/，其中第二个音节的韵母为 /ao/，其余两个都为 /ei/，故本例题的正确答案为 /bao4/。一共呈现 30 组字音，计算被试的正确率。

（3）数字快速命名测试。数字快速命名的刺激为 2、4、6、7、9 五个阿拉伯数字，在 A4 纸上随机排列成 6 行 ×5 列，要求被试又快又准地一行行从左到右地读这些数字，主试记录时间。测试重复一次，取两次的平均值作为数字快速命名测试的时间。最后将时间转化为数字命名速度（个/秒）。

3. 训练方法

（1）一致性运动探测任务，直接训练视觉运动加工能力。

（2）视觉搜索任务和视觉追踪任务，主要训练眼动、定位及视觉空间注意能力，这些能力与视觉大细胞-背侧通路的功能有关，在前人关于阅读障碍的视觉干预研究中也使用过。视觉搜索任务要求被试又快又准地在 100 个随机排列的数字（0~9）中依次寻找出所有的 1、2、3……9，并画圈。视觉追踪任务包括动态追踪和静态追踪。动态追踪（12 个 trial）要求被试注视动画中的运动物体，视线追踪其运动方向，并定位其最后的位置。静态追踪任务包括连线和迷宫，连线任务（6 个 trial）要求被试追踪线条轨迹定位物体位置；迷宫任务（6 个 trial）要求被试寻找从迷宫起点到终点的轨迹，并画出来。视觉搜索任务和视觉追踪任务材料参考前人研究和互联网上的材料，示例如图 5-1 所示。视觉搜索、静态追踪任务材料纸质呈现，动态追踪任务材料电脑呈现。每次训练材料都不同。

（3）抛接球游戏（juggling）。研究发现抛接球游戏可以改变 MT 区的灰质结构，表明抛接球游戏与运动物体的知觉和空间定位有关，能够刺激视觉皮层的改变。

4. 训练程序

训练组 DD 在 5 周内接受了 10 次视觉训练，每周 2 次。一次训练时长大约一小时。训练组进行训练时，非训练组 DD 和 CA 组自由活动。三组被试在训练前后均接受了阅读相关能力测试和大细胞-背侧通路功能测试。

结果

三组被试一致性运动阈限、语音意识、数字快速命名速度在前测和后

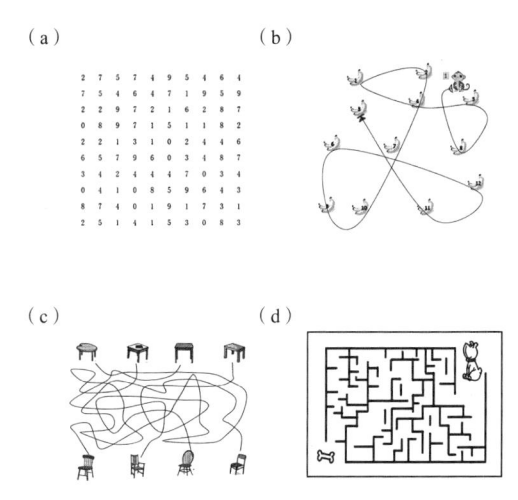

注：(a) 视觉搜索；(b) 视觉动态追踪；(c) 视觉线条追踪；(d) 视觉迷宫追踪。

图 5-1　视觉搜索任务和视觉追踪任务材料示例

测时的成绩如表 5-2 所示。对被试一致性运动阈限和阅读相关能力前测、后测的成绩分别进行 3（组别）×2（测试时间）的方差分析。

表 5-2　三组被试前后测试成绩（$M \pm SD$）

测试	前测			后测		
	训练组	未训练组	CA 组	训练组	未训练组	CA 组
一致性运动探测	75.88 ± 26.13	83.00 ± 24.61	46.41 ± 19.59	34.19 ± 11.31	79.02 ± 33.43	49.80 ± 30.13
语音意识	0.47 ± 0.12	0.53 ± 0.15	0.72 ± 0.15	0.63 ± 0.16	0.54 ± 0.16	0.71 ± 0.14
数字快速命名	2.66 ± 0.42	2.69 ± 0.42	3.19 ± 0.56	2.87 ± 0.37	2.85 ± 0.51	3.50 ± 0.71

对于一致性运动阈限，组别的主效应显著 [$F(2, 25) = 6.09$, $p < 0.01$]，测试时间的主效应显著 [$F(1, 25) = 7.68$, $p = 0.01$]，两者交互作用显著 [$F(2, 25) = 7.19$, $p < 0.01$]。简单效应分析结果显示，前测时训练组和未训练组的一致性运动阈限值显著高于 CA 组（$ps < 0.05$），训练

组和未训练组组间差异不显著。后测时，未训练组的一致性运动阈限值显著高于训练组和 CA 组（$ps < 0.05$），训练组和 CA 组差异不显著。训练组一致性运动阈限值前、后测存在显著差异（$p < 0.01$），后测显著低于前测。未训练组和 CA 组前后测一致性运动阈限值无显著差异。

对于语音意识，组别的主效应显著 $[F(2, 25) = 5.42, p < 0.05]$，测试时间的主效应显著 $[F(1, 25) = 7.92, p < 0.01]$，两者交互作用显著 $[F(2, 25) = 6.11, p < 0.01]$。简单效应分析结果显示，前测时训练组和未训练组的语音意识正确率显著低于 CA 组（$ps < 0.05$），训练组和未训练组组间差异不显著。后测时，未训练组的语音意识正确率显著低于 CA 组（$p < 0.05$），而训练组与 CA 组成绩无显著差异。训练组语音意识前后测存在显著差异（$p < 0.001$），后测正确率显著高于前测。未训练组和 CA 组前后测间无显著差异。

对于数字快速命名，组别的主效应显著 $[F(2, 25) = 4.46, p < 0.05]$，两组 DD 的命名速度显著慢于 CA 组；测试时间的主效应显著 $[F(1, 25) = 14.88, p = 0.01]$，后测时命名速度快于前测；组别和测试时间的交互作用不显著。进一步在各组内进行前后测的配对样本 t 检验。训练组和未训练组前后测差异均边缘显著 $[t_1(7) = -2.13, p_1 = 0.07; t_2(8) = -1.90, p_2 = 0.09]$，CA 组前后测差异显著 $[t(10) = -2.83, p < 0.05]$。三组后测命名速度均快于前测，表明快速命名能力似乎随年龄增长而提高，不受训练干预的影响，当然，这是一个有待进一步研究的问题。为了深入考查视觉训练对快速命名能力的影响，将所有被试前后测一致性运动阈限的减少量和数字快速命名速度的提高量进行相关分析，结果显示两者相关关系达到边缘显著（$r = 0.36, p = 0.06$）。

讨论

本研究采用基于视觉大细胞 – 背侧通路功能的训练考查视觉训练是否

能够有效改善阅读障碍儿童的视觉运动加工能力和阅读技能，以此来探查视觉大细胞－背侧通路功能的缺陷与发展性阅读障碍者阅读能力低下的因果关系。结果发现，经过视觉训练阅读障碍儿童的一致性运动阈限降低，即运动敏感性增强，并且达到正常儿童的水平。这一结果和拼音文字的研究结果一致地说明，有效的视觉训练可以提高阅读障碍者的视觉大细胞－背侧通路功能。本研究中采用的训练方法包括一致性运动探测任务，那么阅读障碍儿童视觉运动敏感性的提高会不会只是训练效应呢？Conlon 等（2009）的研究发现，阅读障碍者一致性运动敏感性的缺陷是持续的，不受练习效应的影响。因此，本研究中阅读障碍儿童视觉运动加工能力的提高不应该只是练习效应。本研究的视觉训练还涉及视觉搜索、追踪等多项任务，这些任务能促进眼动控制、视觉空间注意能力等，从而进一步提高阅读障碍儿童在一致性运动探测任务中的表现。而抛接球游戏的训练能够改变 MT 区的结构，也能促进 MT 区的神经活动，从而直接提高运动敏感性。同时，经过视觉训练，阅读障碍儿童的语音意识也显著提高，且后测成绩与正常儿童无显著差异；而未训练的阅读障碍儿童的语音意识无显著变化，且后测成绩低于正常儿童。这表明基于视觉大细胞－背侧通路功能的训练可以提高阅读障碍者的语音意识。三组被试在训练后测时，数字快速命名速度都有所提高，这似乎表明快速命名能力的提高并不是视觉训练导致的，可能只是自然发展的结果。但是进一步相关分析的结果说明，快速命名能力的提高与一致性运动敏感性的提高存在相关，这表明视觉运动加工能力与快速命名能力之间可能还是存在一定联系的。两者之间的关系，可能反映了视觉大细胞－背侧通路在快速加工中的作用。

与拼音文字的结果一致，本研究发现经过基于视觉大细胞－背侧通路功能的视觉训练后，汉语阅读障碍者的语音意识和快速命名能力有所提高，表明视觉大细胞－背侧通路的缺陷可能是阅读障碍者阅读能力低下的原因。

第三节 视觉-运动整合训练

视觉-运动整合（visual-motor integration，VMI）是指个体在操作过程中，视知觉和手部运动间的协调整合加工，是影响个体活动过程和运动技能水平高低的重要内在因素。行为层面的研究表明，VMI 在个体的阅读能力发展中起着重要的作用。首先，阅读能力与 VMI 能力之间有显著的相关性。其次，学龄前儿童的 VMI 能力可以预测他们上学后的阅读能力，并且一年级儿童的 VMI 能力可以预测其二年级时的阅读理解能力。这些结果都表明，VMI 能力与阅读能力的发展密切相关。VMI 需要视觉大细胞-背侧通路的参与，因为 VMI 任务显著激活了视觉运动区和后顶叶皮层（PPC）等位于视觉大细胞-背侧通路上的脑区。脑成像研究显示，VMI 任务显著激活了初级运动区、辅助运动区和前运动区，此外，PPC 和小脑也参与了 VMI 的过程。值得注意的是，这些脑区也与阅读能力有关。运动区（包括辅助运动区、前运动区等）在拼音文字和汉语的阅读过程中均有显著激活，PPC 在阅读任务中也有显著激活。O'Donnell 和 Eisenson（1969）使用视觉运动追踪的训练任务（Delacato training）考查 VMI 训练对儿童阅读能力的影响，发现训练组的阅读能力显著提高，提示 VMI 能力和阅读能力之间可能存在因果关系。

大量汉语和拼音文字的研究也证明了发展性阅读障碍者 VMI 能力的损伤。在早期一项关于拼音文字的研究中，研究者使用图钉放置任务考查儿童的 VMI 能力，发现 8 岁、13 岁和 17 岁阅读障碍儿童的 VMI 能力都显著低于同年龄对照组的正常儿童。Emam 和 Kazem（2014）使用全年龄范围视觉-运动整合测试（full range test of visual motor integration，FRTVMI）也发现，年龄匹配的正常儿童的 VMI 能力显著优于阅读障碍儿童。在汉语研究中，McBride-Chang 等（2011）使用不同语言的文字抄写任务考查个体的 VMI 能力，发现四至五年级阅读障碍儿童的 VMI 能力显著落后于同年龄正常对照组儿童。此外，回归分析发现，在控制了年龄、智力、组别和阅读相关技能（如快速自动化命名、语素意识和正字法意识）后，VMI 能力仍然可以独立解释阅读准确性 6% 的方差变异。特别地，Meng 等（2019）采用视觉 – 运动整合的 Beery-Buktenica 发展测试，发现阅读障碍儿童的 VMI 能力不仅显著落后于同年龄对照组儿童，也落后于同阅读水平对照组儿童。上述研究结果表明，VMI 缺陷是阅读障碍的关键认知缺陷之一，与阅读能力密切相关。

一些研究者试图通过提高阅读障碍者的 VMI 能力来提高他们的阅读能力。Berninger 等（2008）采用画地图任务训练学生。每天训练 45 分钟，每周 5 天，共 2 周。结果表明，训练后，阅读障碍儿童在音素识别、非词重复、拼写、书写等任务中的得分显著高于训练前，说明动手任务有助于提高阅读相关的认知技能。但该研究没有设置非训练组，因此不能排除成熟因素的影响；同时，该研究并没有直接测试阅读能力。在另一项研究中，Fusco，Germano 和 Capellini（2015）对阅读障碍儿童（训练组）进行了 1 次视觉 – 运动协调练习和 7 次视觉感知练习（如视觉辨别、视觉记忆和顺序记忆）的训练，对年龄匹配的正常儿童进行了数学训练（控制组）。每次训练持续 50 分钟，每周 2 次，共 12 次训练。结果表明，训练组儿童的视觉感知加工和书写质量均有显著提高，且训练组与对照组儿童在这两种能力上的差异缩小。然而，虽然该研究使用了与 VMI 相关的训练，但并没有测量训练前后 VMI 能力或阅读能力的变化。因此，上述研究并不能有效地证明 VMI 训练可以提高阅读障碍者的阅读能力。

因此，VMI 训练是否能有效提高阅读障碍儿童的阅读能力目前尚不清楚。孟泽龙（2020）采用非语言材料，探讨 VMI 训练对阅读障碍儿童阅读能力的影响。该研究设置三组被试（训练组 DD：接受 VMI 训练的阅读障碍儿童；训练对照组 DD：接受图形辨别训练的阅读障碍儿童；正常对照组：未接受训练的正常儿童），并测量训练前后 VMI 能力、阅读能力及语音意识、快速自动化命名、数字记忆广度等阅读相关技能的变化。

研究方法

1. 被试

从某小学招募汉语阅读障碍儿童 29 人，随机分为 DD 训练组（13 人）和 DD 对照组（16 人）。同时选取同年龄正常儿童 14 人作为 CA 组。参考前人研究，DD 的筛选标准为识字量得分低于 CA 儿童 1.5 个标准差，且瑞文智力测验得分高于 85 分；DD 儿童排除 ADHD 和器质性损伤，所有儿童视力或矫正视力正常。被试信息如表 5-3 所示。

表 5-3 被试信息（$M \pm SD$）

变量	DD 训练组①	DD 对照组②	CA 组③	F	η_p^2	比较
人数	13	16	14			
性别	男 9 女 4	男 9 女 7	男 8 女 6			
年龄	10.57 ± 0.28	10.64 ± 0.32	10.76 ± 0.36	1.17	0.06	① = ② = ③
识字量	2301.19 ± 276.95	2204.76 ± 250.08	3140.26 ± 146.54	70.95**	0.78	① = ② < ③
智力	101.08 ± 10.97	104.56 ± 7.00	107.64 ± 7.62	1.98	0.09	① = ② = ③

**$p < 0.01$

2. 训练流程

训练流程如图 5-2 所示。

（1）前测。开学初，使用行为测验考查三组被试的视觉 - 运动整合能力、语音意识、数字快速命名能力、数字记忆广度（逆序）以及阅读流畅性。

视觉 - 运动整合测试 参考 Beery 视觉 - 运动整合发展测验，采用图

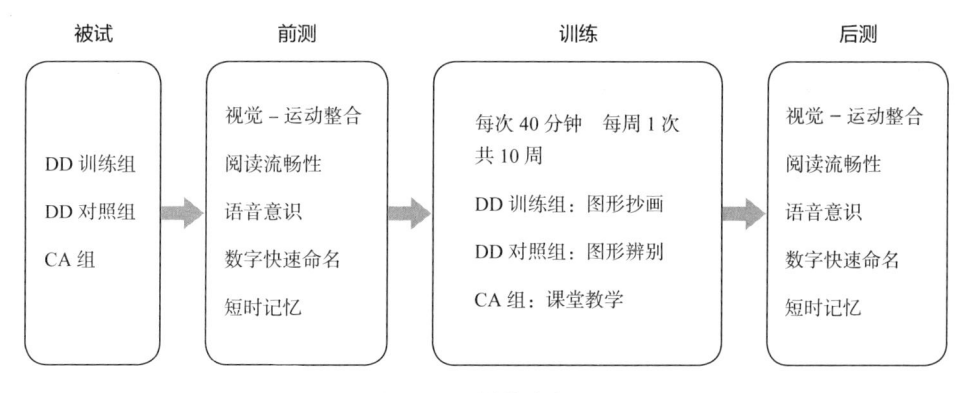

图 5-2　训练流程图

形抄画任务。将 12 个复杂度逐渐增加的图形呈现在 A4 纸上，每个图形的长和宽各约为 6cm。在答题纸上有 8cm × 8cm 的空白格子，要求被试将看到的图形抄画在空白格子中。抄画的过程中，要求被试尽可能快速准确地画出图形，不能进行涂改，画错不能重画。之后由两名心理学专业的研究生按照抄画图形和原图形的相似程度对每个抄画的图形进行 1（最差）~7（最好）的评分，总分 84 分。评分者一致性信度为 0.87。测试材料如图 5-3 所示。

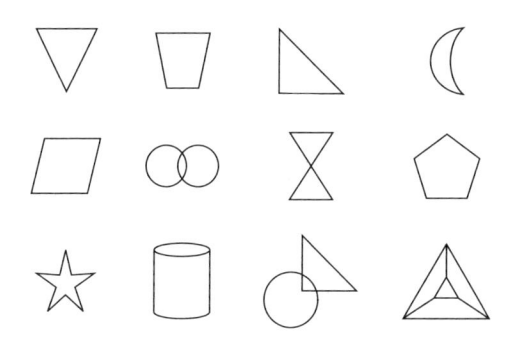

图 5-3　视觉 – 运动整合测试材料

语音意识测试　通过耳机给被试听觉呈现三个字音，其中一个字音在声母、韵母或声调上与另外两个不同，要求被试将该字音相对应的序号写在答题纸上。声母、韵母和声调每种类型各 10 题,答对 1 题计 1 分,总分 30 分,被试三种类型测试的得分总和为该项测试的最终分数。测试的内部一致性信度为 0.76。

数字快速命名测试 采用数字快速命名,刺激为 2、4、6、7、9 五个数字。每行 5 个数字以随机顺序出现,共排列 6 行。要求被试又快又准地从左至右一行一行地读出数字。共测试两遍,计算两次测试命名速度(个/秒)的平均值作为最终成绩。测试的重测信度为 0.78。

数字记忆广度(逆序) 通过耳机给被试听觉呈现一串数字,要求被试听完后逆序复述一遍听到的数字。如听到"5、7、3"则复述"3、7、5"。每题的数字个数会逐渐增加,被试漏答、错答、多答或答错顺序均记为错误,当被试连续错两题时停止测试,以停止时最终答对的数字个数为最终成绩。测试的内部一致性信度为 0.81。

阅读流畅性测试 参考以往对汉语阅读障碍的研究中采用的阅读流畅性测试,测量个体的阅读速度。从《现代汉语词频词典》中选取中/高频字共 160 个(字频 > 50 次/百万字),在 A4 纸上随机排列成 8 行,每行 20 个字。要求被试以最快的速度按照从左到右、从上到下的顺序读出汉字,限时 1 分钟。阅读过程中读错不需要修改,继续阅读,避免耽误时间。记录被试读对汉字的个数,之后计算被试的阅读速度(个/秒)作为该测试的得分。测试的内部一致性信度为 0.97。

(2)训练。利用学校每周二下午的选修课时间对被试进行训练,被试每周接受 1 次训练,每次训练时长 40 分钟,共进行 10 周的训练。训练组 DD 儿童接受群体施测的图形抄画训练,对照组 DD 儿童接受个体施测的图形辨别训练,CA 组学生接受正常的选修课教学活动。具体训练内容如下:

DD 训练组 采用图形抄画训练,直接训练视知觉和手部精细运动间的整合能力。前人对于 DD 的视觉-运动整合训练也使用过图形抄画任务。每次训练,在 A4 纸上打印出 9 个复杂度逐渐提高的图形,要求被试将图形画到下面的格子中，画得越像越好。画的过程中不能涂改，画错了也不能重画，不能使用尺子等工具协助完成画图。挑出抄画错误的图形，让被试再练习抄画一次。每两次训练后更换一次图形材料。训练任务使用的图形和前后测中的图形不相同。训练任务如图 5-4 所示。

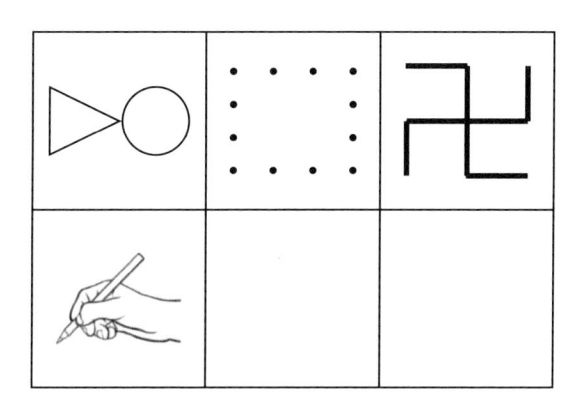

图 5-4　图形抄画训练示意图

DD 对照组　参考有关视觉 - 运动整合训练研究中的控制任务，采用图形辨别训练。该任务共包括 24 个刺激，其中动物图形 12 个，非动物图形 12 个。任务过程中先在屏幕中央呈现 500ms 的注视点，随后出现目标刺激，呈现时间为 2000ms，要求被试判断目标刺激是否有生命，并按相应的按键，记录被试按键的反应时和正确率。图形辨别任务的材料参考前人研究和互联网上的材料。训练任务流程如图 5-5 所示。

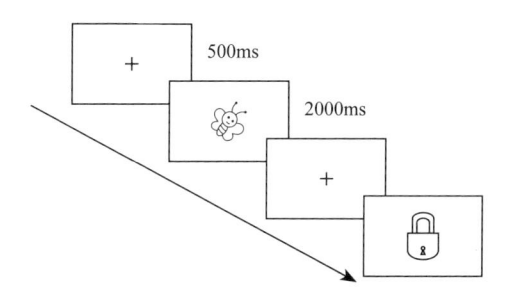

图 5-5　图形辨别训练示意图

CA 组 接受正常的选修课教学，如篮球、足球等体育选修课，合唱团、乐团等音乐选修课以及其他科技类选修课，没有被试接受书法、朗诵等语言或阅读相关类选修课训练。

（3）后测。由于期末考试，三组被试在训练结束后三周进行后测，采用线上测验的方式后测，三组被试前后测间隔时间一致。后测内容与前测相同。

3. 数据分析

对三组被试前、后测的视觉－运动整合能力和阅读相关认知技能测验结果进行 3（组别：DD 训练组，DD 对照组，CA 组）× 2（测试时间：前测，后测）的重复测量方差分析。

结果

三组被试的视觉－运动整合、阅读相关认知技能测验的前后测成绩如表 5-4 所示。

表 5-4 三组被试的各项测试成绩（$M \pm SD$）

测试	DD 训练组		DD 对照组		CA 组	
	前测	后测	前测	后测	前测	后测
VMI 测试	47.46 ± 5.33	50.46 ± 3.23	48.31 ± 4.11	48.44 ± 3.83	52.57 ± 2.56	52.43 ± 2.17
阅读流畅性	1.32 ± 0.30	1.54 ± 0.19	1.23 ± 0.28	1.29 ± 0.26	1.80 ± 0.14	1.79 ± 0.14
语音意识	24.15 ± 4.06	25.62 ± 3.12	25.69 ± 4.00	25.94 ± 3.44	28.43 ± 1.28	29.14 ± 1.40
数字快速命名	2.68 ± 0.48	2.87 ± 0.40	2.90 ± 0.34	2.99 ± 0.34	3.37 ± 0.70	3.35 ± 0.46
数字记忆广度（逆序）	5.38 ± 0.77	5.46 ± 0.78	4.94 ± 0.57	5.31 ± 0.70	6.36 ± 1.39	6.36 ± 0.91

对于 VMI 能力，组别的主效应显著 [$F(2, 40) = 5.85$, $p < 0.01$, $\eta_p^2 = 0.23$]；测试时间的主效应显著 [$F(1, 40) = 7.90$, $p < 0.01$, $\eta_p^2 = 0.17$]；二者的交互作用显著 [$F(2, 40) = 7.70$, $p < 0.01$, $\eta_p^2 = 0.28$]。简单效应分析发现，前测时 DD 训练组和 DD 对照组的 VMI 成绩均显著落后 CA 组（$ps < 0.01$），而 DD 训练组和 DD 对照组两组间的 VMI 成绩无显著差异（$p = 0.58$）。后测时，DD 训练组的 VMI 成绩边缘显著高于 DD 对照组（$p = 0.09$），而与 CA 组成绩间无显著差异（$p = 0.12$），但是，DD 对照组的 VMI 成绩仍显著低于 CA 组（$p < 0.01$）。对于 DD 训练组，前测和后测之间的 VMI 成绩存在显著差异（$p < 0.01$），后测的成绩显著高于前测。而 DD 对照组和 CA 组的前后测成绩无显著差异。

对于阅读流畅性，组别的主效应显著 [$F(2, 40) = 22.14$, $p < 0.01$, $\eta_p^2 = 0.53$]；测试时间的主效应显著 [$F(1, 40) = 8.89$, $p < 0.01$, $\eta_p^2 = 0.18$]；二者的交互作用显著 [$F(2, 40) = 5.28$, $p < 0.01$, $\eta_p^2 = 0.21$]。简单效应分析发现，前测时 DD 训练组和 DD 对照组的阅读流畅性均显著落后于 CA 组（$ps < 0.01$），后测时 DD 训练组的阅读流畅性显著高于 DD 对照组（$p < 0.01$），但仍显著低于 CA 组（$p < 0.01$），DD 对照组的阅读流畅性显著低于 CA 组（$p < 0.01$）。DD 训练组前测和后测的成绩间存在显著差异（$p < 0.01$），后测的阅读流畅性高于前测。DD 对照组后测成绩和前测成绩间无显著差异。CA 组前后测成绩亦无显著差异。

对于语音意识，组别的主效应显著 [$F(2, 40) = 6.26$, $p < 0.01$, $\eta_p^2 = 0.24$]，DD 训练组和 DD 对照组的语音意识均显著落后于 CA 组（$ps < 0.05$）；测试时间的主效应显著 [$F(1, 40) = 12.26$, $p < 0.01$, $\eta_p^2 = 0.24$]，后测的语音意识成绩明显高于前测（$p < 0.01$）；二者的交互作用不显著 [$F(2, 40) = 2.23$, $p = 0.10$, $\eta_p^2 = 0.10$]。进一步对组别的主效应进行分析，结果表明，DD 训练组和 CA 组的后测成绩显著高于前测成绩 [$t_1(12) = -2.66$, $p = 0.02$, Cohen's $d = 0.41$; $t_2(13) = -4.37$, $p < 0.01$, Cohen's

$d = 0.52$],而 DD 对照组的后测成绩与前测成绩无显著差异 [$t(15) = -0.62$, $p = 0.54$]。

对于数字快速命名,组别的主效应显著 [$F(2, 40) = 6.14$, $p < 0.01$, $\eta_p^2 = 0.24$],DD 训练组和 DD 对照组的数字命名速度均慢于 CA 组（$ps < 0.05$）；测试时间的主效应显著 [$F(1, 40) = 5.56$, $p = 0.02$, $\eta_p^2 = 0.12$],后测的数字命名速度显著快于前测；组别和测试时间的交互作用不显著 [$F(2, 40) = 2.76$, $p = 0.08$, $\eta_p^2 = 0.12$]。进一步对组别的主效应进行分析,结果表明,DD 训练组后测的快速命名成绩显著高于前测时的成绩 [$t(12) = -4.23$, $p < 0.01$, Cohen's $d = 0.43$],DD 对照组和 CA 组的后测成绩和前测成绩相比均无显著差异 [$t_1(15) = -1.52$, $p = 0.15$; $t_2(13) = -2.93$, $p = 0.77$]。

对于短时记忆,组别的主效应显著 [$F(2, 40) = 8.95$, $p < 0.01$, $\eta_p^2 = 0.31$],DD 训练组和 DD 对照组的短时记忆广度均小于 CA 组；测试时间的主效应不显著 [$F(1, 40) = 2.08$, $p = 0.16$, $\eta_p^2 = 0.05$];二者的交互作用不显著 [$F(2, 40) = 1.27$, $p = 0.29$, $\eta_p^2 = 0.06$]。

讨论

本研究结果显示,训练组 DD 的 VMI 和阅读流畅性的后测表现显著优于前测,DD 对照组和 CA 组前、后测之间则无显著差异。这一结果表明,图形抄画主要训练阅读障碍儿童的视觉 - 运动整合能力,并且可以提高他们的阅读流畅性。此外,基于 VMI 的图形抄画训练也可以提高阅读障碍儿童的语音意识和数字快速命名能力。

虽然不是所有的阅读障碍儿童都有相同的知觉或运动缺陷,但一般的感觉运动功能障碍可能导致阅读障碍。本研究采用的非语言视觉 - 运动整合训练（即图形抄画训练）可以有效提高阅读障碍个体的 VMI 能力,从而降低感觉 - 运动障碍对阅读障碍儿童的影响。这与之前的研究结果一致。

训练对照组的阅读障碍儿童接受了图形辨别训练，被试需判断目标刺激物是有生命的还是无生命的。与图形抄画训练相比，图形辨别训练不涉及视知觉和精细手部动作的结合，因此不能促进阅读障碍儿童的 VMI 能力。综上，本研究的 VMI 训练任务是有效的。

由于之前的干预研究将阅读流畅性作为汉语阅读能力的指标，本研究也使用阅读流畅性来表示阅读能力。与之前的研究一致，我们的图形抄画训练有效地提高了阅读障碍儿童的阅读流畅性。与拼音文字相比，汉字的结构更加复杂，视觉编码在汉字加工中更重要，VMI 能力与汉语阅读流畅性之间存在相关性。在汉语阅读中，运动记忆与汉字结构的视觉信息相结合，可以加强词汇的表征，加速汉字的加工。因此，VMI 训练可以帮助个体将目标刺激的视觉信息与手部的精细运动结合起来，产生与视觉信息相关的运动记忆。通过 VMI 训练，增强了汉字的表征，加快了汉字的阅读速度。在神经层面，一些研究发现，当快速命名字母和单词时，个体的小脑会显著激活，而右侧小脑损伤的个体阅读流畅性存在缺陷。在 VMI 任务中，小脑的激活随着个体 VMI 能力的提高而增强。因此，VMI 训练也可能增强小脑的功能，从而提高阅读障碍儿童的阅读流畅性。此外，本研究训练对照组阅读障碍儿童的阅读流畅性略有改善，但这种改善显著弱于 VMI 训练的改善。训练对照组的阅读障碍儿童接受的是图形辨别训练，与图形抄画训练相比，这种训练没有训练与视觉信息相匹配的精细动作。此前对学龄前儿童的研究发现，与纯视觉训练相比，结合视觉刺激和手部精细动作（如抄画）可以有效降低儿童学习新单词时的错误率。这一结果也证实了运动信息或运动记忆在阅读中起着重要的作用。因此，基于 VMI 的图形抄画训练是提高阅读障碍儿童阅读能力的有效训练方法。

同时，经过 VMI 训练后，训练组阅读障碍儿童的语音意识明显改善，而训练对照组则无明显变化。这一结果表明，阅读障碍儿童语音意识的提高与 VMI 训练有关。以往的研究发现，VMI 训练，如抄画和画图，可以有效提高阅读障碍儿童的音素识别和非词重复能力，表明 VMI 训练可以改善他们的语音加工能力，特别是在音素水平上。因此，VMI 训练可能会通过改善阅读障碍个体的语音意识进而提高其阅读能力。但同年龄正常对照组儿童的语音意识也有显著提高，这可能反映了正常儿童通过日常教学提高了其语音加工能力。在本研究中，训练对照组阅读障碍儿童的前测和后测之间没有显著差异，这从侧面说明了语音意识受损的阅读障碍儿童不能通过常规的学习提高其语音加工能力。

最后，VMI 训练提高了训练组阅读障碍儿童的快速命名能力，而训练对照组阅读障碍儿童和正常组儿童的快速命名能力没有明显变化。这一结果说明 VMI 能力与快速命名能力密切相关。快速命名需要对视觉刺激进行快速序列加工，后顶叶皮层是大细胞-背侧通路的重要组成部分，它可以控制视觉空间注意，并在序列加工过程中提供视觉刺激的位置信息。后顶叶皮层是 VMI 的一个重要脑区，该区域也与解码字母位置有关。因此，VMI 训练可能增强后顶叶皮层的功能，提高阅读障碍儿童对视觉刺激位置的解码能力，从而促进其快速命名能力。

综上所述，经过基于视觉大细胞-背侧通路的视觉-运动整合训练后，阅读障碍个体的阅读和阅读相关技能显著提高，表明视觉大细胞-背侧通路的缺陷可能是阅读障碍个体阅读能力低下的原因。

第四节 动作视频游戏训练

传统认知干预程序较大程度依赖于训练提供者的引导，缺乏趣味性且受时空因素的影响，有研究表明数字游戏化训练（digital game-based learning，DGBL）这一新兴的干预方式能够在一定程度上弥补传统干预程序的不足。数字游戏化训练是指将游戏这种形式与认知干预任务结合形成的训练程序。Ferreira-Brito 等（2019）在其综述中指出，计分系统、故事情节、时间限制、奖赏系统、输赢定义、人物设定等是数字游戏化训练程序中常用的游戏化元素。计分系统能够在训练参与者的努力和成就之间建立起明确的关系，帮助训练者了解和调节其在训练中的表现。故事情节和人物设定主要用于对训练任务进行情境化和对其赋予意义，以激发训练参与者完成训练任务的意愿和动机。时间限制可以促使训练参与者对训练任务保持注意，已有研究表明，时间限制与个体在训练任务中的表现之间存在密切关系。奖赏系统可以激发并维持个体参与训练的动机。明确的输赢定义能够让训练参与者了解如何实现目标或完成任务。与传统训练程序相比，数字游戏化训练程序主要具有以下三方面的优势：首先，游戏化形式具有较高的趣味性，能够吸引训练参与者的注意力，并且维持其参与训练的动机；其次，数字游戏化程序中的反馈、奖赏系统等设置有利于训练者进行自我监控；最后，数字游戏化程序不受时间、地点的局限，可以由训练参与者灵活安排，能够更好地为有需要的群体提供稳定、有效的训练。

在正常发展儿童中，Vanbecelaere 等（2020）使用两款数字化学习程序分别对两组一年级学生进行了数学能力和阅读能力训练。经过 8 周的训练后，与接受正常教学的控制组相比，两个训练组分别在数学能力测验和阅读能力测验中表现得更好，并且这种认知能力的提升在干预结束两个月后仍然保持。另一项研究将 56 名一年级学生随机分配到训练组（数字游戏化数学训练）或控制组（常规数学教育），两组被试的数学能力在前测时没有显著差异，但是后测结果显示训练组儿童言语在非言语符号比较方面的能力显著优于控制组（kim et al.，2018）。此外，一项元分析表明，与非数字游戏化学习相比，数字游戏化学习显著增强了学生的学习效果（Clark et al.，2016）。以上研究表明，在正常发展儿童中，相比使用传统的干预程序，使用游戏化干预程序能够给个体带来更好的训练效果。在异常发展儿童中，已有较多研究表明，数字游戏化训练可以有效改善他们的认知能力。近年来，部分研究者尝试使用动作视频游戏（action video game，AVG）这种需要大量使用视觉和注意资源的数字游戏化训练程序对发展性阅读障碍儿童进行训练以提高其阅读能力。AVG具备以下几个特征：（1）速度快；（2）对知觉、认知、运动加工有很高的要求；（3）在时间和空间上有不可预测性；（4）出现在屏幕周围的事物对完成任务有重要意义。Gori等（2016）在其研究中对11名发展性阅读障碍儿童先进行非动作视频游戏训练（NAVG训练），再进行动作视频游戏训练（AVG训练）。通过比较不同训练后被试在篇章阅读和假词阅读中的成绩，研究者发现，仅在动作视频游戏训练后被试的阅读效率（阅读时间与阅读正确率之比）有显著的提升。但是该研究采用组内设计，很难说明AVG训练后阅读障碍儿童阅读能力的提升是否受到NAVG训练与AVG训练交互作用的影响。之后，Franceschini等（2017）在其研究中设置了控制组（被试接受NAVG训练），通过对比AVG训练组和控制组阅读障碍儿童前后测的结果，该研究发现仅AVG训练组儿童表现出语音意识和单词阅读速度的显著改善。后续的一项元分析表明，数字游戏化训练可以有效地提高发展性阅读障碍儿童的阅读流畅性（Ren et al.，2023）。在发展性计算障碍儿童（developmental dyscalculia）中，同样有元分析表明，数字游戏化训练可以有效地改善这些儿童的计算能力（Benavides-Varela et al.，2020）。此外，美国食品药品监督管理局（Food and Drug Administration，FDA）于2020年正式批准将一款数字游戏化训练程序作为治疗ADHD的处方药，这预示着数字游戏化训练也许会成为一种新兴的认知治疗手段。

阅读障碍的视觉大细胞-背侧通路缺陷理论认为阅读障碍是由大细胞-背侧通路的缺陷导致的，此缺陷会使阅读障碍个体在快速序列加工、轮廓识别、视觉运动加工等方面表现出困难，进而影响字形识别、形音匹配等阅读相关认知过程，最终影响阅读效率。相关研究表明，对阅读障碍个体进行基于大细胞-背侧通路功能的干预可以在一定程度上改善其阅读能力。然而，以往研究均使用传统的干预程序对阅读障碍儿童进行视觉大细胞 – 背侧通路功能干预。有研究者指出传统的干预方式较大程度上依赖于训练提供者的指导，并且受到时间、空间因素的限制；此外，传统干预程序趣味性较低，较难维持被试参与训练的兴趣与动机，因此，不利于干预程序在日常生活中的推广。近年来，部分研究者指出，数字游戏化训练可以在一定程度上弥补传统干预程序的不足，且已有大量研究表明，相比使用传统认知干预程序，将训练内容与数字游戏化形式相结合，可以使学习效果得到更好的提升可以使学习效果得到更好的提升 (Clark et al., 2016; Franceschini et al., 2017; Gori et al., 2016; Kim et al., 2018; Vanbecelaere et al., 2020)。因此，基于阅读障碍的视觉大细胞 – 背侧通路缺陷理论，我们进行了相关探索（任筱宇，2022）。我们的第一个目的是在传统视觉大细胞 – 背侧通路功能干预任务的基础上，结合数字游戏化训练形式，开发一款针对视觉大细胞 – 背侧通路功能的数字游戏化训练程序。第二个研究目的是对这款数字游戏化视觉大细胞 – 背侧通路功能训练程序的有效性进行系统探查。具体而言，我们试图回答以下三个问题：(1) 本研究研发的基于视觉大细胞 – 背侧通路功能的数字游戏化训练程序是否能够有效提升阅读障碍儿童的视觉大细胞 – 背侧通路功能；(2) 该游戏化认知训练能否提升阅读障碍儿童的阅读及阅读相关能力；(3) 该游戏化认知训练对有、无视觉大细胞 – 背侧通路功能缺陷的阅读障碍儿童的认知训练效果是否存在差异。

研究方法

1. 程序研制背景

本研究在 Qian 和 Bi（2015）使用的视觉大细胞 – 背侧通路功能干预程序的基础上，对其内容进行了优化，并结合 Ferreira-Brito 等（2019）提出的游戏化干预程序需要包含的要素（故事情节、时间限制、奖赏系统、输赢定义、计分系统、人物设定等），进一步将该干预程序进行了游戏化。具体操作如下：

（1）故事情节。依托上古神鸟这一中国传统形象，本研究编写了一个探险故事。故事的主要情节是：百灵鸟是上古神鸟，她拥有一个神奇的宝贝——四色石，依靠四色石，百灵鸟守护着这片丛林。有一天，百灵鸟的四色石意外破碎，变成了四块能量石散落到丛林。丛林中的四种动物获得了能量石，进化成黑暗神兽，打破了丛林的宁静。百灵鸟历经磨难，却无法打败这四只黑暗神兽，她渴望获得帮助。一位小朋友（小蒙）听到了百灵鸟的求救，她来到丛林，却发现依靠自己的力量还是不足以获得胜利。于是，她向小朋友们发出邀请，请求他们和她并肩作战，一起打败这四只黑暗神兽，拯救丛林。故事中的四只黑暗神兽分别代表训练程序中的各个关卡，在训练过程中，玩家每天均需要和小蒙一起完成这四个关卡，打败这四只黑暗神兽。

（2）时间限制。在本程序中，玩家需要在规定的时间内完成游戏任务。并且随着训练任务难度的变化，时间限制会越来越严格。

（3）奖赏系统。在每一个游戏结束时，如果玩家在该游戏中的正确率达到一定的指标（大于或等于60%），那么她/他将获得一颗"勇士之星"；在每一天的训练内容完成之后，系统会计算玩家当天获得的"勇士之星"总数，并向玩家呈现。如果玩家在某游戏上的正确率低于60%，或者玩家在某一天没有获得任何一颗"勇士之星"，那么小蒙会对她/他进行鼓励，以保持其参与训练的信心、兴趣和动机。玩家在游戏中积累的"勇士之星"数量将作为干预中期和干预结束时兑换实物奖品的依据。

（4）输赢定义。每一个游戏均有清晰的输赢定义（详见训练任务），玩家在某游戏中的正确率大于或等于60%则视为获胜，可获得一颗"勇士之星"。

（5）计分系统。本程序每一个游戏均有各自的计分系统（详见训练任务），并且该分数会即时地反馈给玩家，帮助其调整自己的表现并保持动机。

（6）人物设定。本程序设定了卡通人物小蒙，她是一名参与探险的小勇士，会一直陪伴玩家进行训练（图 5-6）。

图 5-6　卡通人物小蒙

2. 程序流程

整个干预程序包括三部分：第一部分为登录界面，被试需要填写专属的用户名和编号，才能进入训练程序；第二部分为训练界面，在训练部分的首页，会呈现四个训练游戏（详见训练任务）的入口，训练参与者需要依次完成这四个训练任务；第三部分为总结界面，在这部分，程序将对训练参与者当日的表现进行总结，并鼓励其继续参与接下来的训练。

3. 程序难度自适应设置

以往研究表明，自适应程序有助于实现挑战 - 能力平衡（the challenge-skill balance），进而降低个体在学习和训练过程中的挫败感，使其获得成就感。因此，在本研究中，我们采用三上一下的难度自适应调整程序，即被试在某一难度上正确率连续 3 天大于 90%，则提升一个难度水平；若在某一难度上出现一次正确率小于或等于 60% 的情况，则降低一个难度水平；若正确率大于 60% 且小于或等于 90%，则保持该难度。

4. 训练任务

该游戏化的视觉大细胞 - 背侧通路功能干预程序主要包括以下四个认

知训练程序：

（1）闪电蜘蛛。基于视觉搜索任务开发。在闪电蜘蛛程序的每一轮中，被试需要在一定时间内迅速而准确地在矩阵中搜寻一定数量的目标刺激。计分规则：每一轮的得分＝击中个数－（虚报个数＋0.5×漏报个数）；正确率＝（每一轮的得分／每轮总目标数）×100%。每次训练进行5轮。在该游戏中，共有两个难度指标：第一，矩阵大小，共分为3个难度，即4×8、6×8、8×8；第二，时间限制，共分为9个等级，难度最低为70秒，最高为30秒，相邻两个难度水平间的差异为5秒。难度一和难度二结合，共有27个难度梯度。

（2）旋风地鼠。基于视觉搜索任务开发。在旋风地鼠程序中，被试需要迅速而准确地敲击可能出现在屏幕任意位置的地鼠。每轮共有20只地鼠，正确敲击得1分，遗漏不扣分。每轮得分为正确敲击的次数总和，总分为20分。每次训练进行5轮。计分规则：每一轮的得分＝击中个数；正确率＝（每一轮的得分／每轮总目标数）×100%。在该游戏中，共有两个难度指标：第一，地鼠洞数量，共分为3个难度，即4个、6个、9个；第二，地鼠呈现时间，共分为9个等级，难度最低为1600毫秒，最高为800毫秒，相邻两个难度水平间的差异为100毫秒。难度一和难度二结合，共有27个难度梯度。

（3）毒刺蜜蜂。基于一致性运动探测任务开发。在毒刺蜜蜂程序中，被试需要对一致性运动点的运动方向进行判断。该程序的材料和设置参照季雨竹（2019）的研究。每20次为一轮，每正确判断一次得1分，错误判断不扣分，每轮总分为20分。每次训练进行3轮。计分规则：每一轮的得分＝正确判断次数；正确率＝（每一轮的得分／每轮总次数）×100%。在该游戏中，设有一个难度指标，即一致性运动信号点的比例，共分为10个难度等级，从易到难分别对应的一致性运动信号点的比例为：50%、45%、40%、35%、30%、25%、20%、15%、10%、5%。

（4）彩虹蜈蚣。基于视觉追踪任务开发。在每一轮中，被试将看到5条迷线，迷线的两端分别有卡通植物和色彩小精灵，被试需要在一定时间内迅速而准确地通过追踪迷线来找到植物对应的色彩小精灵。正确配对一组得1分，选错不扣分，每轮总分为5分。每次训练进行5轮。计分规则：每一轮的得分＝正确配对次数；每轮正确率＝[每轮正确次数/（每轮的实际操作次数＋漏选次数）]×100%。在该游戏中，共有两个难度指标：第一，线条复杂程度，共分为3个难度，即难度1、2、3（对应难度等级的线条由7名研究生评定）；第二，时间限制，共分为9个等级，难度最低为70秒，最高为30秒，相邻两个难度水平间的差异为5秒。难度一和难度二结合，共有27个难度梯度。

5. 被试

对北京市某小学二至五年级儿童进行筛查，将筛选出的阅读障碍儿童随机等分为训练组（$n=25$）和控制组（$n=25$）。同时，选出与阅读障碍儿童在非言语智力水平上相匹配的同年龄正常发展儿童（CA组）25名。阅读障碍儿童的筛选标准包括：(1)识字量测试成绩低于同年龄正常发展儿童平均水平1.5个标准差，任课语文老师主观评定其在语文学习中存在困难；(2)瑞文推理测验成绩的百分等级不低于25；(3)视力或矫正视力正常；(4)无注意力缺陷多动障碍。

DD训练组、DD控制组、CA组儿童的基本人口学信息见表5-5。

为了探查干预程序对视觉大细胞-背侧通路功能的针对性训练效果，参考以往研究，本研究将一致性运动探测阈限大于或等于CA组一致性运动探测阈限中位数一个标准差的阅读障碍被试定义为有视觉大细胞-背侧通路功能缺陷，其余则定义为无视觉大细胞-背侧通路功能缺陷。在本研究中，CA组儿童一致性运动探测任务前测阈限的中位数为57，标准差为14.54，因此一致性运动探测阈限大于或等于71.54的阅读障碍被试被定义为有视觉大细胞-背侧通路功能缺陷；一致性运动探测阈限小于71.54的阅

表 5-5 三组儿童基本信息及前测成绩比较（$M \pm SD$）

	变量	DD 训练组① ($n=25$)	DD 控制组② ($n=25$)	CA 组③ ($n=25$)	χ^2/F	比较
	男生人数	15	15	13	0.44	
	年龄（岁）	9.22 ± 0.10	9.20 ± 0.99	9.38 ± 1.01	0.23	
	IQ（百分等级）	71.65 ± 20.50	69.71 ± 19.53	77.29 ± 11.50	1.25	
	识字量（Z 分数）	−2.26 ± 0.82	−1.95 ± 0.55	0.14 ± 0.58	87.15***	① = ② < ③
	一致性运动探测阈限	90.88 ± 39.66	87.76 ± 40.60	60.28 ± 14.54	6.23**	① = ② > ③
阅读能力	字朗读速度（字/分钟）	72.44 ± 30.02	79.52 ± 24.31	103.16 ± 15.34	11.23***	① = ② < ③
	句子朗读正确率	0.72 ± 0.10	0.70 ± 0.09	0.77 ± 0.08	3.75*	① = ② < ③
	句子朗读速度（字/分钟）	101.90 ± 47.82	117.20 ± 37.37	151.26 ± 66.42	5.71**	① = ② < ③
阅读相关技能	语音意识	10.08 ± 3.71	11.00 ± 5.07	13.78 ± 3.45	5.01**	① = ② < ③
	语素意识	70.14 ± 14.92	74.26 ± 14.24	81.96 ± 15.12	3.73*	① = ② < ③
	正字法意识	0.70 ± 0.88	0.74 ± 0.09	0.77 ± 0.10	2.80+	① = ②①< ③
	数字快速命名（秒）	17.53 ± 4.12	18.40 ± 3.66	15.70 ± 2.69	3.69*	① = ② > ③
	图片快速命名（秒）	23.33 ± 5.36	21.45 ± 4.26	18.09 ± 5.38	6.89**	① = ② > ③

+ $p < 0.07$，* $p < 0.05$，** $p < 0.01$，*** $p < 0.001$

读障碍被试则视为无视觉大细胞-背侧通路功能缺陷。据此标准，分别将 DD 训练组和 DD 控制组儿童进一步分为有、无视觉大细胞-背侧通路功能（M-D）缺陷两种亚类型。因此，产生了四个被试组，即 DD 训练组有 M-D 缺陷（$n = 14$）、DD 训练组无 M-D 缺陷（$n = 11$）、DD 控制组有 M-D 缺陷（$n = 14$）、DD 控制组无 M-D 缺陷（$n = 11$）。单因素方差分析结果表明，四组被试的一致性运动探测阈限差异显著［$F(3, 46) = 19.97$，$p < 0.001$］。两两比较结果显示，两个有 M-D 缺陷组儿童的一致性运动敏感性显著差于两个无 M-D 缺陷组儿童。

6. 测验

（1）字水平阅读流畅性测验。测验参照 Zhao 等人（2017）研究中使用的实验材料。测验中，主试向被试提供包含 387 个汉字的字表，被试需要在 1 分钟之内，从左到右、从上到下依次朗读这些字。在计时停止时，圈出最后读到的字。记录被试在 1 分钟内正确朗读的字数（c/min）。该测验的分半信度为 0.93，测验时间为 1 分钟。

（2）句子水平阅读流畅性测验。测验参照 Zhao 等人（2017）研究中使用的实验材料，共 54 个句子（4 个练习句子，其余 50 个句子用于正式测验）。句子内容均为简单的陈述，每个句子的长度从 7 个字到 22 个字不等。在 54 个句子中，有一半是真的，例如，"天气晴朗，适合去公园游玩"；一半是假的，例如，"叔叔在南极拍了很多绿色植物的照片"。被试坐在离计算机屏幕大约 50 厘米处。每次测验中，屏幕中央会呈现注视点（700ms），然后出现目标句。被试需尽可能准确、快速地朗读句子，并在朗读完句子后立即按空格键。之后再依据常理对句子内容进行判断，"F"表示假，"J"表示真。使用判断正确的句子，计算被试在 1 分钟内正确朗读的字数（c/min）。该测验的分半信度为 0.85，测验时间为 7 分钟。

（3）语音意识测验。参照 Qian 和 Bi（2015）的研究，本研究采用音素辨别任务测查被试的语音意识。在该任务中，被试会听到三个音节的读音，其中一个音节包含的声母、韵母或声调与另外两个不同，被试需要找出该音节。测验共 30 题，正确回答一题得 1 分，答错不扣分，满分为 30 分。该测验的分半信度为 0.75，测验时间为 8 分钟。

（4）语素意识测验。参照 Liu 和 McBride-Chang（2010）使用的复合语素测验。被试在听到问题后，发挥想象力，给出一个她/他认为最合适、最能表达问题中意思的词语，概括问题，主试记录被试的回答。这些词语可以是现实生活中不会用到的词。例如：我们把专门吃铁块的怪兽叫作什么？答案是"吃铁怪"。本测验共有 31 个题目，最终由两名主试根据答案的完整度进行评分，评分范围为 0~4 分，测验总分为 124 分。该测验的评分者信度为 0.98，测验时间为 10 分钟。

（5）正字法意识测验。本测验参考钱怡等人（2013）研究中的实验材料。该正字法加工技能测验采用单部件意识测验和部件位置及功能意识测验系统探查儿童的正字法意识各个层面的发展状况。单部件意识测验包括部件替换、部件缺失和部件旋转三种类型；部件位置及功能意识测验材料包括真字 40 个，假字、非字各 20 个。其中，真字均为所有被试熟悉的汉字，假字是根据正字法规则构造的，非字是不符合正字法规则的汉字部件的组合。测验程序在计算机上呈现。如果刺激是真实存在的汉字，按"F"键，如果不是，按"J"键。测验刺激材料分四组随机混合呈现。每个刺激之前先出现一个蓝色圆点作为注视点，注视点呈现 1000~1500ms 后消失，随后呈现一个刺激，要求被试判断，被试作出反应后继续呈现下一组注视点和刺激。实验程序由 E-prime 1.1 编制。记录被试的按键反应时和正误情况。共计 80 个试次，其中 40 个为"是"反应。计算正确率，测验时间为 4 分钟。

（6）快速命名测验。本测验参考 Ji 和 Bi（2020）研究中的实验材料。测验包含两个部分：图片快速命名与数字快速命名。图片命名的材料为"花、书、狗、手、鞋"五幅图片，随机排列成六行五列的矩阵，要求儿童按顺序又快又准地读出图片的名称，主试记录所用时间。数字命名材料为"2、4、6、7、9"这五个数字，其他与图片命名相同。每种材料均进行两次测验，记录被试读完每个矩阵所需要的时间，取两次的平均值作为最终成绩。测验时间均为4分钟。

（7）视觉大细胞-背侧通路功能测验。我们采用一致性运动探测任务测查被试的视觉大细胞-背侧通路功能。参照Qian和Bi（2015）的研究。在测验中，被试会看到在电脑屏幕上一左一右地呈现着两个点阵图，每个点阵图包含300个白色运动点。这些白点以7°/s的速度运动，为防止追踪点的轨迹，每个点的呈现时间为225ms，之后该点会消失并在随机位置重新生成一个点。白点的亮度为125cd/m^2，背景亮度为0.39cd/m^2。两个点阵处于相同的水平高度，两者之间的间隔为5°，点阵宽度为10°，高度为14°，点阵呈现时间为2500ms。在其中一个点阵中，有一定比例的白点会同时水平向左或水平向右移动，另一个点阵中的点则完全随机运动。点阵消失后，被试需要判断一致性运动点出现在哪一个点阵中。左侧点阵按"F"键，右侧点阵按"J"键。反应时间不限，直到被试反应后才开始下一个试次。程序按照三上一下的阶梯法来计算个体的一致性运动探测阈限，即若连续三次回答正确则一致性运动点的比例下降一个水平，若一次回答错误则一致性运动点的比例上升一个水平。起始信号点的比例为50%，第一次转折之前按照当前信号点比例的50%进行变化，第一次转折之后按照当前信号点比例的10%进行变化。只有在前三个试次回答正确而当前试次回答错误时才记为一个转折点。阶梯转折6次或达到150个试次时停止测验。取最后5个转折点的平均值作为被试的一致性运动探测阈限。测验开始前会先让被试熟悉刺激材料，随后进行练习，只有正确率达到90%才能进入正式测试。该测验的重测信度为0.74，测验时间为2~5分钟。

7. 训练前测、后测

在训练前、后，所有儿童完成一致性运动探测任务、阅读（字水平阅读流畅性、句子水平阅读流畅性测验）及阅读相关能力测验（语音意识、语素意识、正字法意识、快速命名）。此外，在训练结束后1周内，我们邀请了参与训练的儿童和家长分别对训练程序的接受度进行简要的评价。儿童需要对如下两个表述的符合程度进行评价："我觉得这个任务容易理解""我觉得这个游戏操作起来轻松"；家长需要对如下两个表述的符合程度进行评价："孩子能够轻松地理解训练任务""孩子能够轻松地操作训练"。评价采用5点计分，1分表示非常不同意，5分表示非常同意。

8. 训练阶段

使用基于视觉大细胞-背侧通路功能的游戏化训练程序对DD训练组儿童进行干预。对其进行在线训练，每天训练25分钟，每周5天，持续7周，共计875分钟，约15小时。在相同时间内，DD控制组和CA组像平时一样参与日常教学和活动。

9. 训练保真度

在训练开始之前，我们向参与训练的儿童和家长详细介绍了整个训练程序的内容和使用方法，并邀请儿童和家长在约定的两天内尝试使用训练程序，如果在使用过程中遇到任何问题均可以随时与研究者联系。训练过程中，研究者及三名经过培训的研究生会记录儿童每天的训练情况，如果观察到儿童未完成当日的训练，研究者会及时与儿童家长进行沟通，询问原因并做详细记录。

结果

1. 训练接受度

对训练完成情况进行的分析表明，在参与训练的25名DD训练组儿童中，有15名（60%）儿童完成全部35次训练，有24名（96%）儿童完成85%及以上的训练。训练结束后，我们收到来自训练组儿童和家长对训练程序接受度的评价各22份，对评价结果的分析表明，儿童对"训练程序是否容易理解"和"是否能够轻松操作"的评分均值和标准差均为 4.50 分（$SD = 0.51$），说明儿童认为该程序的操作轻松度较高；家长对于"儿童是否能够轻松地理解训练任务"及"能否轻松操作训练程序"的评分均值和标准差分别为 4.41 分（$SD = 0.73$）和 3.95 分（$SD = 1.09$），说明家长认为儿童可以较为轻松地理解和操作该训练程序。

2. 训练对 DD 儿童的影响

（1）训练对一致性运动敏感性的影响。对一致性运动探测阈限进行时间（前测 vs. 后测）× 组别（DD 训练组 vs. DD 控制组）的两因素重复测量方差分析。结果显示：时间的主效应显著 $[F(1, 43) = 11.32, p < 0.05, \eta_p^2 = 0.21]$，后测阈限显著小于前测阈限。组别的主效应不显著 $[F(1, 43) = 1.17, p = 0.286, \eta_p^2 = 0.03]$。时间和组别的交互作用显著 $[F(1, 43) = 9.45, p < 0.05, \eta_p^2 = 0.18]$。简单效应分析表明，前测时，DD 训练组与 DD 控制组的阈限无显著差异 $[F(1, 43) = 0.29, p = 0.594]$，而后测时，DD 训练组的阈限显著小于 DD 控制组的阈限 $[F(1, 43) = 9.10, p < 0.01]$；DD 训练组后测阈限显著小于其前测阈限 $[F(1, 43) = 20.28, p < 0.001]$，而 DD 控制组前、后测阈限之间无显著差异 $[F(1, 43) = 0.04, p = 0.836]$。以上结果表明，训练能够有效改善 DD 儿童的一致性运动敏感性。此外，皮尔逊积差相关分析结果表明，DD 训练组儿童训练任务的难度变化水平与其一致性运动探测任务阈限变化（一致性运动敏感性变化）之间有显著负相关（$r = -0.46$, $p < 0.05$），表明随着训练任务难度的提升，个体的一致性运动敏感性也在进步。控制了年龄和智力之后，训练任务难度的提升和一致性运动敏感性进步之间的相关仍然显著（$r = -0.45$, $p < 0.05$）。表明 DD 训练组儿童的一致性运动探测能力与其在训练任务中的表现之间存在密切关系。

（2）训练对阅读及阅读相关能力的影响。对儿童在阅读及阅读相关能力测验中的成绩进行时间（前测 vs. 后测）× 组别（DD 训练组 vs. DD 控制组）的两因素重复测量方差分析。结果表明：在字朗读速度、句子朗读正确率、句子朗读速度、语素意识、数字快速命名以及图片快速命名测验中，均发现时间的主效应显著［字朗读速度：$F(1, 43) = 7.57$，$p < 0.01$，$\eta_p^2 = 0.15$，后测字朗读速度显著快于前测速度；句子朗读正确率：$F(1, 42) = 4.25$，$p < 0.05$，$\eta_p^2 = 0.09$，后测句子朗读正确率显著高于前测正确率；句子朗读速度：$F(1, 40) = 19.87$，$p < 0.001$，$\eta_p^2 = 0.33$，后测句子朗读速度显著快于前测速度；语素意识：$F(1, 38) = 89.07$，$p < 0.001$，$\eta_p^2 = 0.70$，后测语素意识成绩显著高于前测成绩；数字快速命名：$F(1, 42) = 35.26$，$p < 0.001$，$\eta_p^2 = 0.46$，后测数字命名速度显著快于前测；图片快速命名：$F(1, 42) = 29.75$，$p < 0.001$，$\eta_p^2 = 0.42$，后测图片命名速度显著慢于前测］。而在上述测验中，组别的主效应和二者的交互作用均不显著（$ps > 0.10$）。在正字法意识上，时间、组别的主效应和二者的交互作用均不显著（$ps > 0.10$）。在语音意识上，时间的主效应显著［$F(1, 38) = 22.18$，$p < 0.001$，$\eta_p^2 = 0.37$］，后测语音意识成绩显著高于前测成绩；组别的主效应不显著［$F(1, 38) = 0.09$，$p = 0.772$，$\eta_p^2 = 0.02$］；二者的交互作用显著［$F(1, 38) = 4.51$，$p < 0.05$，$\eta_p^2 = 0.11$］，简单效应分析结果表明，前测时，DD 训练组与 DD 控制组的语音意识成绩差异不显著［$F(1, 38) = 1.21$，$p = 0.279$］，后测时，DD 训练组和 DD 控制组的语音意识成绩也无显著差异［$F(1, 38) = 1.93$，$p = 0.172$］；DD 训练组后测语音意识成绩显著高于其前测成绩［$F(1, 38) = 23.35$，$p < 0.001$］，而 DD 控制组前、后测成绩之间差异不显著［$F(1, 38) = 3.34$，$p = 0.075$］。综上，训练程序对 DD 儿童的语音意识有显著的积极影响。

3. 训练对视觉大细胞－背侧通路功能缺陷的特异性干预效果分析

（1）一致性运动敏感性的特异性干预效果分析。在有 M-D 缺陷的阅读障碍儿童中，进行时间（前测 vs. 后测）× 组别（DD 训练组 vs. DD 控制组）的两因素重复测量方差分析。结果显示：时间的主效应显著［$F(1, 24) =$

18.86，$p < 0.001$，$\eta_p^2 = 0.44$］，后测阈限显著小于前测阈限。组别的主效应不显著［$F(1, 24) = 3.12$，$p = 0.090$，$\eta_p^2 = 0.12$］。时间和组别的交互作用显著［$F(1, 24) = 7.72$，$p < 0.05$，$\eta_p^2 = 0.24$］。简单效应分析表明，前测时，DD训练组有M-D缺陷的儿童与DD控制组有M-D缺陷的儿童的阈限无显著差异［$F(1, 24) = 0.03$，$p = 0.872$］，而后测时，DD训练组有M-D缺陷儿童的阈限显著小于DD控制组有M-D缺陷儿童的阈限［$F(1, 24) = 10.45$，$p < 0.01$］；DD训练组有M-D缺陷儿童的后测阈限显著小于其前测阈限［$F(1, 24) = 25.35$，$p < 0.001$］，而DD控制组有M-D缺陷儿童的前、后测阈限之间无显著差异［$F(1, 24) = 1.23$，$p = 0.279$］。以上结果表明，基于视觉大细胞 - 背侧通路功能的游戏化训练可以有效地提升有视觉大细胞 - 背侧通路缺陷儿童的一致性运动敏感性。

在无M-D缺陷的阅读障碍儿童中，进行时间（前测 vs. 后测）×组别（DD训练组 vs. DD控制组）的两因素重复测量方差分析。结果显示：时间的主效应不显著［无M-D缺陷的DD训练组：前测：$M \pm SD = 61.11 \pm 8.98$；后测：$M \pm SD = 54.00 \pm 13.27$；无M-D缺陷的DD控制组：前测：$M \pm SD = 52.3 \pm 13.77$；后测：$M \pm SD = 64.00 \pm 15.75$；$F(1, 17) = 0.29$，$p = 0.596$，$\eta_p^2 = 0.02$］。组别的主效应不显著［$F(1, 17) = 0.02$，$p = 0.893$，$\eta_p^2 = 0.00$］。二者的交互作用显著［$F(1, 17) = 4.89$，$p < 0.05$，$\eta_p^2 = 0.22$］。简单效应分析结果表明，无论是前测［$F(1, 17) = 2.66$，$p = 0.121$］还是后测［$F(1, 17) = 2.21$，$p = 0.155$］，DD训练组无M-D缺陷的儿童与DD控制组无M-D缺陷的儿童的一致性运动探测阈限差异均不显著；DD训练组无M-D缺陷儿童的一致性运动探测阈限在前、后测中无显著差异［$F(1, 17) = 0.27$，$p = 0.265$］，而DD控制组无M-D缺陷儿童后测时的一致性运动探测阈限边缘显著高于其前测阈限［$F(1, 17) = 4.00$，$p = 0.062$］。以上结果表明，无M-D缺陷的儿童不能从该训练程序中获得显著的进步，因此后续将不再分析训练程序对无M-D缺陷儿童的阅读及阅

读相关能力的影响。

在训练组 DD 儿童内部比较该游戏化训练程序对有、无 M-D 缺陷儿童一致性运动敏感性的影响。对一致性运动探测阈限进行时间（前测 vs. 后测）× 组别（有 M-D 缺陷 vs. 无 M-D 缺陷）的两因素重复测量方差分析。结果显示：时间的主效应显著 [$F(1,20) = 17.51$, $p < 0.001$, $\eta_p^2 = 0.47$]，后测阈限显著小于前测阈限。组别的主效应显著 [$F(1,20) = 25.27$, $p < 0.001$, $\eta_p^2 = 0.56$]，DD 训练组无 M-D 缺陷儿童的一致性运动探测阈限显著小于 DD 训练组有 M-D 缺陷儿童的阈限。时间和组别的交互作用显著 [$F(1,20) = 10.26$, $p < 0.01$, $\eta_p^2 = 0.34$]。简单效应分析表明，前测时，DD 训练组有 M-D 缺陷儿童的一致性运动探测阈限显著高于 DD 训练组无 M-D 缺陷儿童的阈限 [$F(1,20) = 21.40$, $p < 0.001$]，而后测时，两组儿童的阈限无显著差异 [$F(1,20) = 2.89$, $p = 0.104$]；DD 训练组有 M-D 缺陷儿童的后测阈限显著小于其前测阈限 [$F(1,20) = 33.35$, $p < 0.001$]，DD 训练组无 M-D 缺陷儿童的前、后测阈限之间无显著差异 [$F(1,20) = 0.41$, $p = 0.531$]。以上结果表明，视觉大细胞 – 背侧通路游戏化训练对视觉大细胞 – 背侧通路功能缺陷有一定的特异性干预效果。

（2）训练对阅读及阅读相关能力的影响。在有 M-D 缺陷的阅读障碍儿童中，比较训练组和控制组儿童在阅读及阅读相关能力前、后测中的表现。使用时间（前测 vs. 后测）× 组别（DD 训练组 vs. DD 控制组）的两因素重复测量方差分析对儿童在阅读及阅读相关能力测验中的成绩进行比较。结果表明：在字朗读速度、句子朗读速度、语素意识以及数字快速命名测验中，时间的主效应显著或边缘显著 [字朗读速度：$F(1,24) = 3.59$, $p = 0.070$, $\eta_p^2 = 0.13$，后测字朗读速度边缘显著快于前测速度；句子朗读速度：$F(1,21) = 8.56$, $p < 0.01$, $\eta_p^2 = 0.29$，后测句子朗读速度显著快于前测速度；语素意识：$F(1,20) = 44.02$, $p < 0.001$, $\eta_p^2 = 0.69$，后测语素意识成绩显著高于前测成绩；数字快速命名：$F(1,24) =$

11.86，$p < 0.01$，$\eta_p^2 = 0.33$，后测数字命名速度显著快于前测速度］；而在上述测验中，组别的主效应和二者的交互作用均不显著（$ps > 0.10$）。在句子朗读正确率及正字法意识上，时间、组别的主效应和二者的交互作用均不显著（$ps > 0.10$）。在语音意识上，时间的主效应显著［$F(1, 21) = 11.92$，$p < 0.01$，$\eta_p^2 = 0.36$］，后测语音意识成绩显著高于前测成绩；组别的主效应不显著［$F(1, 21) = 0.91$，$p = 0.352$，$\eta_p^2 = 0.00$］；二者的交互作用显著［$F(1, 21) = 5.01$，$p < 0.05$，$\eta_p^2 = 0.19$］。简单效应分析结果表明，前测时，DD 训练组有 M-D 缺陷的儿童与 DD 控制组有 M-D 缺陷的儿童的语音意识成绩差异不显著［$F(1, 21) = 0.37$，$p = 0.548$］，而后测时，DD 训练组有 M-D 缺陷儿童的语音意识成绩边缘显著高于 DD 控制组有 M-D 缺陷儿童的语音意识成绩［$F(1, 21) = 4.04$，$p = 0.057$］；DD 训练组有 M-D 缺陷儿童的后测语音意识成绩显著高于其前测成绩［$F(1, 21) = 15.52$，$p < 0.01$］，而 DD 控制组有 M-D 缺陷儿童的语音意识前、后测成绩之间差异不显著［$F(1, 21) = 0.77$，$p = 0.390$］。在图片快速命名上，时间的主效应显著［$F(1, 24) = 12.95$，$p < 0.01$，$\eta_p^2 = 0.35$］，后测图片命名速度显著慢于前测速度；组别的主效应不显著［$F(1, 24) = 0.00$，$p = 0.954$，$\eta_p^2 = 0.00$］；二者的交互作用显著［$F(1, 24) = 8.65$，$p < 0.01$，$\eta_p^2 = 0.27$］。简单效应分析结果表明，无论是前测［$F(1, 24) = 0.76$，$p = 0.393$］还是后测［$F(1, 24) = 0.79$，$p = 0.384$］，DD 训练组有 M-D 缺陷的儿童与 DD 控制组有 M-D 缺陷的儿童在图片快速命名测验中的表现均无显著差异；DD 训练组有 M-D 缺陷儿童的图片命名速度前、后测之间没有显著差异［$F(1, 24) = 0.22$，$p = 0.646$］，而 DD 控制组有 M-D 缺陷的儿童后测时的图片命名速度显著慢于其前测速度［$F(1, 24) = 21.38$，$p < 0.001$］。综上所述，训练程序对 DD 儿童的语音意识有显著的积极影响。

在 DD 训练组内部比较了视觉大细胞 – 背侧通路游戏化训练在有、无 M-D 缺陷儿童中对其阅读及阅读相关能力的改善作用。使用时间（前测

vs. 后测）× 组别（有 M-D 缺陷 vs. 无 M-D 缺陷）的两因素重复测量方差分析对儿童在阅读及阅读相关能力测验中的成绩进行比较。结果表明：在字朗读速度、句子朗读速度、语音意识、语素意识以及数字快速命名测验中，时间的主效应显著或边缘显著［字朗读速度：$F(1, 20) = 3.95$，$p = 0.061$，$\eta_p^2 = 0.17$，后测字朗读速度边缘显著快于前测；句子朗读速度：$F(1, 19) = 13.27$，$p < 0.01$，$\eta_p^2 = 0.41$，后测句子朗读速度显著快于前测；语音意识：$F(1, 18) = 15.96$，$p < 0.01$，$\eta_p^2 = 0.47$，后测语音意识成绩显著高于前测；语素意识：$F(1, 18) = 40.20$，$p < 0.001$，$\eta_p^2 = 0.69$，后测语素意识成绩显著高于前测；数字快速命名：$F(1, 19) = 16.70$，$p < 0.01$，$\eta_p^2 = 0.47$，后测数字命名速度显著快于前测］；而在上述测验中，组别的主效应和二者的交互作用均不显著（$ps > 0.10$）。在句子朗读正确率及正字法意识上，时间、组别的主效应和二者的交互作用均不显著（$ps > 0.10$）。在图片快速命名上，时间的主效应显著［$F(1, 19) = 18.65$，$p < 0.01$，$\eta_p^2 = 0.50$］，后测图片命名速度显著慢于前测；组别的主效应不显著［$F(1, 19) = 0.07$，$p = 0.790$，$\eta_p^2 = 0.00$］；二者的交互作用显著［$F(1, 19) = 13.04$，$p < 0.01$，$\eta_p^2 = 0.41$］。简单效应分析结果表明，无论是前测［$F(1, 19) = 0.39$；$p = 0.541$］还是后测［$F(1, 19) = 1.17$，$p = 0.293$］，DD 训练组有 M-D 缺陷的儿童与 DD 训练组无 M-D 缺陷的儿童在图片快速命名测验中的表现均无显著差异；DD 训练组有 M-D 缺陷儿童的图片命名速度前、后测之间没有显著差异［$F(1, 19) = 0.22$，$p = 0.646$］，而 DD 训练组无 M-D 缺陷儿童后测时的图片命名速度显著慢于其前测速度［$F(1, 19) = 25.39$，$p < 0.001$］。

讨论

本研究结果表明，视觉大细胞 – 背侧通路功能游戏化训练可以有效地提升 DD 儿童的视觉大细胞 – 背侧通路功能，并进一步改善其在阅读及阅读相关能力测验中的表现。该结果与以往视觉大细胞－背侧通路功能干预研究结果一致。已有基于视觉大细胞－背侧通路功能的干预研究均采用的是传统的干预方式，如纸笔测验或 E-prime 程序；且均是在实验环境下展开的，如实验室、教室、学习中心等。而本研究基于 DD 的视觉大细胞－背侧通路缺陷理论，选取了三种与视觉大细胞－背侧通路功能相关的范式，包括涉及视觉运动加工能力的一致性运动探测范式、涉及视觉空间注意能力的视觉搜索范式和与眼动控制能力有关的视觉追踪范式；同时，结合已有文献提出的数字游戏化程序设计的主要特征，即故事情节、时间限制、奖赏系统、输赢定义、计分系统、人物设定，我们对上述三个范式进行了游戏化，打造了四个游戏化训练任务。其中，毒刺蜜蜂来源于一致性运动探测范式，闪电蜘蛛、旋风地鼠对应视觉搜索范式，彩虹蜈蚣则依据视觉追踪范式改编。研究结果表明，我们开发的视觉大细胞－背侧通路游戏化训练程序可以达到传统程序的干预效果，并且在儿童和家长中具有较好的接受度。此外，该游戏化训练程序还能够实现远程训练，可以为有需要的群体提供灵活、有效的干预。我们认为数字游戏化训练程序能够实现远程训练与其如下特征有关：第一，游戏化形式具有趣味性，能够维持训练参与者的注意力和动机，而注意力和动机在学习过程中起着非常重要的作用；第二，数字游戏化程序中的奖赏系统、反馈系统等能够促进训练参与者在训练过程中的自我监控，已有研究表明自我监控对于实现有效的学习有着重要的影响。

本研究结果表明，视觉大细胞－背侧通路功能游戏化训练可以有效提升发展性阅读障碍儿童的视觉大细胞－背侧通路功能。目前，已有部分研究表明，长期进行与视觉大细胞－背侧通路功能有关的活动或接受相关的认知训练，可以促进个体视觉大细胞－背侧通路相关脑区功能和结构的改变。脑功能方面，Shelley-Tremblay 等（2011）在其研究中对 13 名四年级发展性阅读障碍儿童进行了为期 6 周，每周 3 次，每次 30 分钟，共计

9小时的图形－背景辨别任务训练。通过记录训练前、后被试在视觉大细胞－背侧通路条件下（低空间频率、高时间频率）的视觉诱发电位，研究者发现经过训练之后，DD儿童与视觉大细胞－背侧通路功能密切相关的P155波幅相较训练前有显著提升，说明该训练对神经层面的功能有所改变。Lawton和Huang（2015）使用脑磁图技术同样发现，经过图形－背景辨别任务训练之后，DD儿童视觉背侧通路脑区，如V1、V3、V5/MT区等的激活水平显著高于训练前。脑结构方面，Tanaka等（2013）的研究发现，相比无动作视频游戏经验的个体（每周玩动作视频游戏少于2小时），长期进行动作视频游戏的个体（每周玩动作视频游戏至少20小时）的PPC区灰质体积更大。动作视频游戏对视觉空间注意能力有较高的要求，特别是注意资源的空间分布、注意定向等能力。已有研究表明，个体的视觉空间注意能力与其视觉大细胞－背侧通路的PPC区之间有密切关系。因此，该研究表明，长期进行与视觉空间注意能力有关的认知活动，可能会对个体的PPC等脑区的结构产生影响。在本研究中，发展性阅读障碍儿童接受了一致性运动探测任务、视觉搜索任务以及视觉追踪任务训练。其中，一致性运动探测任务主要针对个体的视觉运动加工能力进行训练，该能力与个体视觉大细胞－背侧通路中的V5/MT区之间有着密切关系；视觉搜索任务和视觉追踪任务则训练了个体的视觉空间能力和眼动控制能力，以上两种能力主要由视觉大细胞－背侧通路上的PPC区负责。因此，我们推测，使用上述任务对发展性阅读障碍儿童进行15小时的认知训练后，可能会对其V5/MT、PPC等脑区的功能和结构产生一定的影响，从而提高其在行为测验中的表现。未来的研究需要使用fMRI等技术对该问题进行进一步探查。

本研究发现对发展性阅读障碍儿童进行基于视觉大细胞－背侧通路功能的游戏化训练不仅可以提高其一致性运动探测能力，还能够促进其语音意识和字水平的阅读流畅性。本研究使用的语音意识测验是音素辨别任务，在该任务中，被试会听到三个读音，在这三个读音中，有一个读音在声母、韵母或者声调上与其他两个读音不同，被试需要找出这个读音。这一过程依赖语音表征能力，需要运用快速序列加工技能来准确灵活地提取音节的各种音素信息。由于视觉大细胞具有感受野大且传导速度快的特点，能够对信息进行迅速的加工，因此视觉大细胞－背侧通路在快速序列加工过程中起到非常重要的作用。已有研究表明，个体的快速序列加工技能与其语音加工能力之间存在密切关系。以往研究发现，阅读障碍儿童在快速序列加工任务（如时间序列判断任务）中的成绩与其语音意识测验成绩之间存在显著相关。此外，Fostick 等（2014）的研究发现，对发展性阅读障碍儿童进行针对快速序列加工能力的训练，可以有效提升其在语音意识测验中的表现。因此，在本研究中，发展性阅读障碍儿童经过一段时间的基于视觉大细胞－背侧通路功能的游戏化训练之后，其快速序列加工能力可能会有所提升，从而促进了其在语音意识测验中的表现。训练后，发展性阅读障碍儿童快速序列加工能力的提升在改善语音意识、对语音表征识别能力的同时，可能会进一步改善形音匹配的效率。字表朗读测试中，被试需要对字形进行精确的加工，然后通过形音转化过程对字的读音进行提取，进而对字音进行报告。经过视觉大细胞－背侧通路功能训练之后，发展性阅读障碍儿童的形音匹配效率得到提升，并进一步使得其字表朗读效率提高。此外，本研究中的训练程序还涉及视觉大细胞－背侧通路的视觉运动加工、空间注意等技能。在阅读字表的过程中，个体需要对汉字的笔画、结构等视觉刺激位置进行精确加工，并且需要眼球在汉字中依次移动和进行精确的定向，这些过程依赖于视觉大细胞－背侧通路对视觉空间信息的加工以及对眼动的控制能力。经过训练之后，发展性阅读障碍儿童在视觉空间注意、眼动控制方面的进步可能也会改善其在字朗读测验中的表现。另外，本研究还发现，基于视觉大细胞－背侧通路功能的训练对发展性阅读障碍儿童字水平阅读能力的影响比对其句子水平阅读能力的影响更为显著。这可能是因为我们使用的训练任务更加侧重于训练个体的视觉运动和快速序列加工能力等视觉背侧通路的功能，已有研究表明，个体的视觉背侧通路功能与其亚词汇阅读能力之间的关系更为密切。相对于字水平的阅读，句子阅读更加依赖于同时性解码多个文字刺激、语义整合等方面的能力，因此句子阅读更多体现了整词加工过程；研究表明，整词加工过程与视觉腹侧通路之间的关系更为密切。

第五节　黄/蓝光过滤干预

增强大细胞功能的一种更方便的方法是通过选择性透过黄光的过滤器来查看文本。黄光选择性地激活大细胞，因为大细胞从最容易受黄光刺激激活的红色和绿色视锥细胞接收大部分信息输入。这些黄色滤光片会滤除白光中波长较短的蓝光，因此会导致瞳孔扩大，这反过来又会导致进入眼睛的黄光量增加，并意味着大细胞活性增加了约 2/3。这种增强也是滑雪者利用黄色护目镜在"白光"条件下提高对比度敏感性的原因。因此，研究者尝试使用选择性激活视网膜大细胞的黄色滤光片来提高阅读障碍者的阅读能力。Ray，Fowler 和 Stein（2005）将阅读障碍被试随机分为两组，分别接受黄色滤光片或矩形窗口卡片（一次只能查看一行文本，安慰剂组）干预 3 个月。研究发现，无论是立即使用还是使用 3 个月后，佩戴黄色滤光片可以提高许多阅读障碍儿童的运动敏感度、运动控制和适应性。此外，与安慰剂组的儿童相比，阅读障碍儿童在佩戴黄色滤光片 3 个月后阅读能力显著提高。因此，黄色滤光片可以永久改善大细胞功能。后来，Harries 等（2015）使用黄色眼镜片对阅读障碍儿童进行干预，要求他们每天佩戴黄色镜片进行至少 30 分钟的阅读活动，持续 3 个月。结果发现，有 35% 的阅读障碍儿童报告他们的阅读困难症状已经完全消失，有 72% 的阅读障碍儿童报告他们的阅读困难症状有所改善。上述干预研究表明使用黄色滤光片可以减轻阅读障碍症状，缓解阅读障碍儿童在阅读时的视觉不适。因此，这种方法可以被视为矫正镜片、棱镜或用于调节不良视觉的练习的替代品，也可作为阅读障碍儿童阅读时的辅助工具。

此外，还有约四分之一的阅读障碍者通过使用蓝色滤光片得到了更多帮助。这种蓝色滤光片是"负黄色"——几乎与黄色滤光片相反。蓝色滤光片可能通过激活一组含有黑视蛋白（对蓝光敏感）的视网膜神经节细胞来提升个体的注意力。通过为有视觉注意问题的儿童提供蓝色滤光片，可以提高他们的注意力和专注于阅读文本的能力。总之，蓝色滤光片通常可以通过促进视觉大细胞的注意系统来帮助有视觉注意问题的儿童学习阅读。Harries 等（2015）使用蓝色眼镜片对阅读障碍儿童进行干预，要求他们每天佩戴蓝色镜片进行至少 30 分钟的阅读活动，持续 3 个月。结果也发现，多数阅读障碍儿童的阅读困难症状有所改善。

由于使用黄色或蓝色滤光片阅读文本可以帮助超过一半的阅读障碍者，因此确定哪种颜色适合哪种阅读障碍者就变得很重要，这可能与阅读障碍的不同亚类型有关。研究者考查了数千名有阅读问题的儿童得出结论，使用黄色滤光片可能会帮助那些主要因离焦而阅读模糊的阅读障碍者。而那些看到单词和字母"四处漂移、抖动"的阅读障碍者，以及在尝试阅读时注意力难以集中并感到头痛或眼睛疲劳的阅读障碍者，使用蓝色滤光片可能会得到最大的帮助。

部分参考文献

［1］ 季雨竹. 汉语发展性阅读障碍儿童视觉加工困难的认知神经机制［D］. 北京：中国科学院大学，2019.

［2］ 孟泽龙. 视觉－运动整合能力和汉字阅读的关系研究［D］北京：中国科学院大学，2020.

［3］ 钱怡，赵婧，毕鸿燕. (2013). 汉语学龄前儿童正字法意识的发展. *心理学报*，*45*(1), 60-69.

［4］ 任筱宇，赵婧，毕鸿燕. (2021). 动作视频游戏对发展性阅读障碍者阅读技能的影响及其内在机制. *心理科学进展*，*29*(6), 1000-1009.

［5］ 肖茜，张逸玮，赵婧，毕鸿燕. (2014). 汉语发展性阅读障碍儿童的视觉快速加工能力. *中国心理卫生杂志*，*28*(9), 679-684.

［6］ 于旭东，吕帆，江龙飞. (2006). 视觉训练对低视力儿童阅读速度的影响. *眼视光学杂志*，*8*(5), 325-327.

［7］ Amrai, K., Motlagh, S. E., Zalani, H. A., & Parhon, H. (2011). The relationship between academic motivation and academic achievement students. *Procedia - Social and Behavioral Sciences*, *15*, 399-402.

［8］ Antzaka, A., Lallier, M., Meyer, S., Diard, J., Carreiras, M., & Valdois, S. (2017). Enhancing reading performance through action video games: The role of visual attention span. *Scientific Reports, 7*(1), 14563.

［9］ Barnhardt, C., Borsting, E., Deland, P., Pham, N., & Vu, T. (2005). Relationship between visual-motor integration and spatial organization of written language and math. *Optometry and Vision Science, 82*(2), 138-143.

［10］ Bellocchi, S., Muneaux, M., Huau, A., Lévêque, Y., Jover, M., & Ducrot,

S. (2017). Exploring the link between visual perception, visual-motor integration, and reading in normal developing and impaired children using DTVP-2. *Dyslexia, 23*(3), 296-315.

［11］Benavides-Varela, S., Callegher, C. Z., Fagiolini, B., Leo, I., Altoè, G., & LiAngelo, D. (2020). Effectiveness of digital-based interventions for children with mathematical learning difficulties: A meta-analysis. *Computers and Education, 157*, 103953.

［12］Berninger, V. W., Winn, W. D., Stock, P., Abbott, R. D., Eschen, K., Lin, S. J. C., ... & Nagy, W. (2008). Tier 3 specialized writing instruction for students with dyslexia. *Reading and Writing, 21*(1), 95-129.

［13］Boden, C., & Giaschi, D. (2007). M-stream deficits and reading-related visual processes in developmental dyslexia. *Psychological Bulletin, 133*(2), 346-366.

［14］Chan, D. W., Ho, C. S. H., Tsang, S. M., Lee, S. H., & Chung, K. K. (2006). Exploring the reading-writing connection in Chinese children with dyslexia in Hong Kong. *Reading and Writing, 19*(6), 543-561.

［15］Chang, C. C., Liang, C., Chou, P. N., & Lin, G. Y. (2017). Is game-based learning better in flow experience and various types of cognitive load than non-game-based learning? Perspective from multimedia and media richness. *Computers in Human Behavior, 71*, 218-227.

［16］Chauhan, S. (2017). A meta-analysis of the impact of technology on learning effectiveness of elementary students. *Computers and Education, 105*, 14-30.

［17］Chouake, T., Levy, T., Javitt, D. C., & Lavidor, M. (2012). Magnocellular training improves visual word recognition. *Frontiers in Human Neuroscience, 6*, 14.

［18］Chung, K. K. H., Lam, C. B., & Cheung, K. C. (2018). Visuomotor integration and executive functioning are uniquely linked to Chinese word reading and writing in kindergarten children. *Reading and Writing, 31*(1), 155-171.

[19] Chung, K.K.H., McBride-Chang, C., Wong, S.W.L., Cheung, H., Penney, T.B., & Ho, C.S.H. (2008). The role of visual and auditory temporal processing for Chinese children with developmental dyslexia. *Annual of Dyslexia, 58*(1), 15-35.

[20] Clark, D. B., Tanner-Smith, E. E., & Killingsworth, S. S. (2016). Digital games, design, and learning: A systematic review and meta-analysis. *Review of Educational Research, 86*(1), 79-122.

[21] Clisby, C., Fowler, M. S., Hebb, G. S., Walters, J., Southcott, P., & Stein, J. F. (2000). Outcome of treatment of visual problems in children with reading difficulties. *Professional Association of Teachers in Special Situations (PATOSS) Bulletin: Worcestershire, UK*, 9-14.

[22] Cohen, L., Dehaene, S., Vinckier, F., Jobert, A., & Montavont, A. (2008). Reading normal and degraded words: Contribution of the dorsal and ventral visual pathways. *Neuroimage, 40*(1), 353-366.

[23] Conlon, E., Sanders, M., & Zapart, S. (2004). Temporal processing in poor adult readers. *Neuropsychologia, 42*(2), 142-157.

[24] Conlon, E.G., Sanders, M.A., & Wright, C. M.(2009). Relationships between global motion and global form processing, practice, cognitive and visual processing in adults with dyslexia or visual discomfort . *Neuropsychologia, 47* (3), 907-915.

[25] Cornelissen, P., Richardson, A., Mason, A., Fowler, S., & Stein, J. (1995). Contrast sensitivity and coherent motion detection measured at photopic luminance levels in dyslexics and controls. *Vision Research, 35*(10), 1483-1494.

[26] Cummine, J., Chouinard, B., Szepesvari, E., & Georgiou, G. K. (2015). An examination of the rapid automatized naming-reading relationship using functional magnetic resonance imaging. *Neuroscience, 305*, 49-66.

第六章

阅读障碍视觉大细胞－背侧通路功能缺陷的探索与展望

第一节 神经层面的探索

在探索阅读障碍成因的复杂迷宫中，近年来，科学家们取得了令人瞩目的新进展，尤其是在对外侧膝状体的大细胞层（magnocellular lateral geniculate nucleus，M-LGN）的研究上。

几十年前，一些研究者通过解剖阅读障碍者去世后的大脑，提出了阅读障碍者可能存在 M-LGN 形态学改变的猜想。然而，由于当时技术的局限性，这些猜想一直无法得到活体验证。随着科技的飞速发展，这一僵局终于被打破。磁共振成像（magnetic resonance imaging，MRI）技术如同透视镜，让我们得以窥见大脑内部的精细结构和功能，从而在活体中检验早期的一些猜想。最近，Müller-Axt 等人（2025）发表在 *Brain：A Journal of Neurology* 上的研究利用高分辨率 MRI 技术，对阅读障碍者和正常人的大脑进行了详尽的对比检查。研究者采用经典的外侧膝状体（LGN）定位任务（要求被试注视中央注视点，闪烁的黑白棋盘图案出现在注视点左侧或右侧，频次相同，如图6-1所示），以及大小细胞层区分任务（被试观看两种刺激：低空间频率、高时间频率的灰度光栅作为大细胞刺激，高空间频率、低时间频率的彩色光栅作为小细胞刺激），来确认LGN的大小细胞层位置，最后采用运动任务（被试观看交替呈现的动态和静态点云，动态点云以径向运动呈现，静态点云随机分布）验证大小细胞层的功能响应。研究发现，阅读障碍者的M-LGN在结构和功能上均存在显著的异常。具体而言，阅读障碍者和对照组在视觉刺激下的整体外侧膝状体（LGN）反应相似，没有显著差异。然而，当进一步分析LGN的亚区功能时，研究发现阅读障碍组的大细胞层（M-LGN）表现出显著的左右半球功能不对称性，左侧M-LGN的反应更强，而对照组并未表现出这种不对称性。此外，定量MRI结果显示，M-LGN的髓鞘化模式在阅读障碍组与对照组之间存在显著侧向性差异，具体而言，阅读障碍组的M-LGN髓鞘化表现出左偏，对照组则呈现出右偏。髓鞘是一种类似绝缘层的物质，它包裹在神经纤维周围，能够加速神经信号的传导，髓鞘化程度的高低会影响视觉信息在大脑中的传递效率。M-LGN作为视觉通路的关键中继站，其髓鞘化程度的空间分布差异可能直接影响视觉信息从视网膜到初级视皮层的传递时效性与同步性。在行为表现方面，研究发现男性阅读障碍者中，M-LGN的功能不对称性与快速字母和数字命名的反应时间显著相关，而在女性阅读障碍者中未发现这种相关性，提示M-LGN的功能及结构改变可能在男性阅读障碍者中具有特异性作用。这项研究明确揭示了M-LGN的功能和结构异常是阅读障碍的一个显著标志。这一发现不仅为我们理解阅读障碍的神经生物学基础开辟了新视角，更为未来的诊断和治疗策略提供了宝贵的新方向，如针对M-LGN的神经刺激治疗或许能成为阅读障碍者的福音。

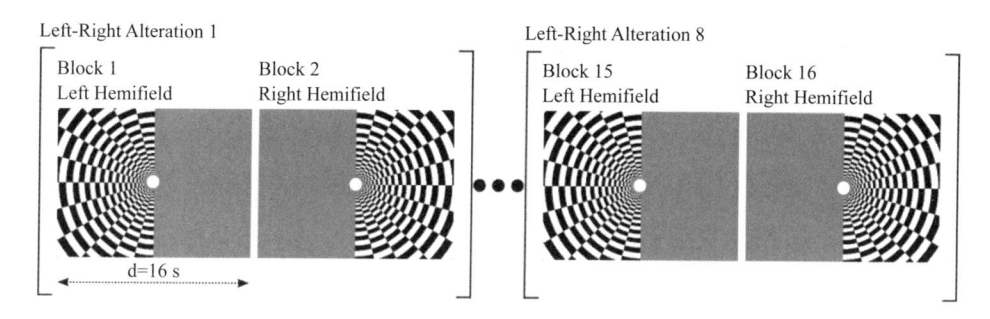

图 6-1　LGN 定位任务示意图

第二节　基因层面的探索

除了脑的结构和功能层面，研究者们还将目光投向了阅读障碍的基因层面，特别是与大细胞通路的关系。POU6F2，一个 POU 结构域[①]转录因子，在多种动物的视网膜神经节细胞中被发现。Lin 等人（2024）通过对小鼠进行 POU6F2 基因敲除来研究 POU6F2 在视网膜神经节细胞中的作用；为了更好地理解 POU6F2 在灵长类动物中的作用，研究者还对猕猴的视网膜进行了染色分析。结果发现，在灵长类动物的视网膜中，POU6F2 标记的是伞状神经节细胞，这些细胞属于视觉系统中的大细胞通路（M 通路）。不仅如此，当小鼠的 POU6F2 基因被敲除后，它们的视觉功能测试结果出现了类似阅读障碍者的缺陷。这表明，POU6F2 可能通过影响 M 通路的正常功

---

① POU 结构域是指具有高度保守的 DNA 结合域，这一名称来源于三种哺乳动物转录因子的首字母：垂体特异性 Pit-1、八聚体结合蛋白 Oct-1 和 Oct-2，以及秀丽隐杆线虫的 Unc-86 基因。这些是最早被发现具有 POU 结构域的转录因子，人们将后来发现的一大类具有这种结构域的转录因子统称为 POU 结构域家族。POU6F2 作为转录因子，参与神经发育、视网膜形成及细胞分化等过程，其突变与多种疾病相关，研究潜力巨大。

能，与阅读障碍的发生产生关联。此外，陈杰等人（2024）的一篇有关阅读障碍者 KIAA0319 基因异常的综述表明，KIAA0319 基因在视觉通路（外侧膝状体）、听觉通路（内侧膝状体）和运动通路中表达，可能影响这些通路的信息传递。听觉通路方面，KIAA0319 基因可能会损伤内侧膝状体从而影响听觉皮层的信息传入。视觉通路方面，KIAA0319 基因可能影响外侧膝状体的大细胞层，使得视觉信息无法正常传递到视觉皮层，影响视觉背侧通路。说明 KIAA0319 基因在阅读障碍中同样起到了重要作用。

第三节 研究展望

一、因果关系的深度探查：从相关性到机制性突破

尽管目前已有大量研究支持视觉大细胞-背侧通路缺陷与阅读障碍者较差的阅读能力之间的关联，但二者之间的因果关系仍存在争议。未来的研究需要通过多维度的方法来推进这一领域的突破。首先，通过纵向追踪婴幼儿的视觉发育与阅读学习过程，并结合全基因组关联分析[①]（genome-wide association study，GWAS），可以揭示基因突变是否同时影响大细胞-背侧通路的功能以及阅读网络的发展，从而为因果关系提供遗传学层面的证据。其次，干预实验也是关键的一步。现有的基于大细胞-背侧通路功能的训练技术，主要通过低对比度、低空间频率的移动光栅对阅读障碍儿童进行训练。结果显示，这种训练能显著提高阅读障碍者的大细胞-背侧通路功能，进而改善阅读能力（Lawton et al.，2016，2022，2023）。今后

---

① 全基因组关联分析是一种用于研究基因变异（通常是单核苷酸多态性，SNP）与特定性状或疾病之间关联的无假设驱动方法。其核心原理是通过分析全基因组范围内的遗传变异，识别与复杂性状或疾病相关的基因位点。

的干预可以结合非侵入性脑刺激技术例如利用经颅磁刺激或光遗传学技术选择性地调控大细胞-背侧通路的活性，进而观察其对阅读能力的即时和长期影响，这将有助于明确二者之间的因果方向。最后，建立非人灵长类动物的阅读障碍模型（如通过干扰大细胞-背侧通路的发育）并模拟人类阅读习得的过程，可以为因果链的验证提供跨物种的实证支持。通过这些手段，有望从相关性研究迈向机制性突破，进一步阐明视觉大细胞-背侧通路缺陷与阅读障碍者阅读能力低下间的因果关系。

二、检测技术与干预技术的精准化与普惠化

为了突破现有检测技术的局限性，未来需要在检测技术与干预技术的精准化与普惠化方面有所突破。

一方面，开发便携式、低成本的筛查工具至关重要，例如基于眼动追踪技术（关注注视稳定性和扫视准确性）和虚拟现实（VR）场景模拟的低成本筛查工具，结合机器学习算法，实现对视觉大细胞-背侧通路缺陷的早期预警。此外，利用智能手机的便携性，开发基于闪烁融合频率测试等的快速筛查应用，可以在资源相对匮乏地区推广，推动早期识别与干预。

另一方面，探索神经可塑性靶向干预技术，例如结合经颅直流电刺激（tDCS）和大细胞-背侧通路特异性视觉训练，可以研究其对神经回路的重塑效果。同时，开发自适应的 AI 辅助训练系统，根据个体的缺陷模式动态调整任务难度，以实现个性化的干预方案。

三、多缺陷交互作用的系统性解析

大细胞-背侧通路缺陷可能并非孤立地存在，为了系统性解析大细胞-背侧通路缺陷与其他缺陷之间的交互作用，需要在"多缺陷网络"的框架下探究其协同机制。首先，未来可以通过神经影像学技术（比如同时具有较高空间分辨率和时间分辨率的脑磁图）研究大细胞-背侧通路与听觉丘

脑（内侧膝状体）之间的时间同步性，揭示视听整合异常如何加剧语音解码困难。其次，可以利用空间注意任务结合功能性磁共振成像（fMRI），探究大细胞通路与背侧注意网络之间的连接强度，阐明视觉运动敏感度低下与工作记忆负荷之间的恶性循环。

此外，注意力缺陷多动障碍和阅读障碍是两种常见的神经发育障碍，二者在临床中常表现出较高的共患率（comorbidity）（Willcutt et al., 2005, 2010）。研究表明，注意力缺陷多动障碍和阅读障碍可能共享某些神经机制缺陷，例如执行功能异常、注意调控不足以及感觉信息处理障碍。其中，视觉大细胞－背侧通路的功能异常被认为是阅读障碍的核心特征之一，而大细胞－背侧通路的噪音（信号传递不稳定或信噪比降低）可能进一步影响更高层次的认知功能，如前额叶的调控效率。通过构建计算模型，我们可以模拟注意力缺陷多动障碍与阅读障碍的共现概率，并分析大细胞－背侧通路噪音如何通过预测编码框架①（predictive coding framework）干扰前额叶的调控效率。这一研究不仅有助于理解两种障碍的共同神经基础，还能为开发针对性的干预工具提供理论依据。总的来说，以上这些研究方向将有助于从多维度理解大细胞－背侧通路缺陷的复杂性及其与其他缺陷的交互作用。

四、阅读障碍的神经多样性潜力再评估

一些研究表明，阅读障碍者可能存在小细胞（parvocellular）的过度增殖，这可能补偿了大细胞（magnocellular）功能的缺失（Lovegrove et al., 1982；Stein, 2023）。小细胞通常负责对高空间频率刺激的加工和颜色处

---

① 预测编码框架：预测编码是一种大脑信息处理的理论框架，认为大脑通过不断生成和更新内部模型来预测外部环境的输入。当预测与实际输入不匹配时，会产生"预测误差"（prediction error），并通过反馈信号调整内部模型。这一过程依赖于高效的信号传递和噪音抑制。

理，其过度增殖可能使阅读障碍者对高空间频率刺激的敏感性增强、拥有更好的颜色辨别能力和视觉细节处理能力。未来的研究可以进一步挖掘这些积极能力的神经基础，例如通过大规模职业能力调查与神经成像关联分析，绘制"阅读障碍优势图谱"，从而系统性地识别和理解这些优势。

此外，还可以探索大细胞-背侧通路与阅读障碍群体潜在的视觉空间优势的关联（Attree et al., 2009; Brunswick et al., 2010）。在此基础上，开发基于优势特征的人才评估工具（如三维空间建模能力测试），并联合企业建立"神经多样性友好"的岗位认证标准，推动社会认知从"矫正缺陷"向"释放潜能"转型。这些措施不仅有助于充分发挥阅读障碍者的潜能，还能为他们在教育和职业领域提供更适配的发展路径。

尽管大细胞-背侧通路缺陷理论在阅读障碍的研究中仍面临一些挑战，但大量研究结果表明，大细胞-背侧通路的缺陷确实存在，并对阅读能力产生显著影响。未来我们将继续探索大细胞-背侧通路缺陷与其他因素的相互作用，以及如何通过干预和训练改善阅读障碍者的阅读能力。同时，研究阅读障碍者的积极能力也将为教育和训练提供新的灵感和方向。未来研究需打破神经生物学、教育学、人工智能等的学科壁垒，构建"机制探索—技术转化—社会应用"的全链条创新体系。同时，伦理框架的同步建设至关重要：基因检测与神经调控的边界、优势导向教育的公平性、神经多样性污名化的消解，均需在科学与人文的对话中寻求平衡。唯有如此，我们方能真正解码阅读障碍的双面性——它既是对神经系统的挑战，亦可能是认知进化赋予人类的独特礼物。让我们携手并进，共同揭开阅读障碍的神秘面纱，为阅读障碍者点亮希望之光。

参考文献

[1] 陈杰, 余小云, 杨亦鸣, 白建娥. (2024). 发展性阅读障碍相关基因 KIAA0319 对脑发育的影响——从动物到人. *生物化学与生物物理进展*, *51*(6), 1305-1315.

[2] 任筱宇. 基于视觉大细胞-背侧通路功能的游戏化训练对汉语发展性阅读障碍儿童阅读能力的影响 [D]. 北京：首都师范大学, 2022.

[3] Attree, E. A., Turner, M. J., & Cowell, N. (2009). A Virtual Reality Test Identifies the Visuospatial Strengths of Adolescents with Dyslexia. *CyberPsychology & Behavior, 12*(2), 163-168.

[4] Brunswick, N., Martin, G. N., & Marzano, L. (2010). Visuospatial superiority in developmental dyslexia: Myth or reality? *Learning and Individual Differences, 20*(5), 421-426.

[5] Lawton, T. (2016). Improving Dorsal Stream Function in Dyslexics by Training Figure/Ground Motion Discrimination Improves Attention, Reading Fluency, and Working Memory. *Front. Hum. Neurosci., 10*, 397.

[6] Lawton, T., Shelley-Tremblay, J., Huang, M. X. (2023). Case report: Neural timing deficits prevalent in developmental disorders, aging, and concussions remediated rapidly by movement discrimination exercises. *Front Neurol., 14*, 898781.

[7] Lawton, T., Stein, J. F. (2022). Visual Neural Timing Problems May Interfere with Reading, Attention, and Memory: Looking Beyond 20/20 Acuity. *Optom. Vis. Perform., 10*, 9-21.

[8] Lin, F., Li, Y., Wang, J., Jardines, S., King, R., Chrenek, M. A., Wiggs,

J. L., Boatright, J. H., & Geisert, E. E. (2024). POU6F2, a risk factor for glaucoma, myopia and dyslexia, labels specific populations of retinal ganglion cells. *Sci Rep., 14*(1), 10096.

[9] Lovegrove, W., Martin, F., Bowling, A., Blackwood, M., Badcock, D., & Paxton, S. (1982). Contrast Sensitivity Functions and Specific Reading Disability. *Neuropsychologia, 20*, 309-315.

[10] Müller-Axt, C., Kauffmann, L., Eichner, C., & von Kriegstein, K. (2025). Dysfunction of the magnocellular subdivision of the visual thalamus in developmental dyslexia. *Brain: A Journal of Neurology, 148*(1), 252-261.

[11] Stein, J. (2023). Theories about Developmental Dyslexia. *Brain Sci. 13*(2), 208.

[12] Willcutt, E. G., Betjemann, R. S., McGrath, L. M., Chhabildas, N. A., Olson, R. K., DeFries, J. C., & Pennington, B. F. (2010). Etiology and neuropsychology of comorbidity between RD and ADHD: The case for multiple-deficit models. *Cortex, 46*(10), 1345-1361.

[13] Willcutt, E. G., Pennington, B. F., Olson, R. K., Chhabildas, N., & Hulslander, J. (2005). Neuropsychological Analyses of Comorbidity Between Reading Disability and Attention Deficit Hyperactivity Disorder: In Search of the Common Deficit. *Developmental Neuropsychology, 27*(1), 35-78.

国家自然科学基金面上项目（32371119）、国家语委"十四五"科研规划2023年度重点项目（ZDI145-83）主要成果之一

扫描二维码，获取本书参考文献